GEORGES RENARD

Chargé de cours à la Faculté de Droit de Nancy

Le Parlement
et la
Législation du travail

★

LIBRAIRIE DE « LA DÉMOCRATIE »
32-34, Boulevard Raspail
PARIS

Le Parlement
et la Législation du Travail

GEORGES RENARD

Chargé de cours à la Faculté de Droit de Nancy

Le Parlement

et la

Législation du travail

★

LIBRAIRIE DE « LA DÉMOCRATIE »

32-34, Boulevard Raspail

PARIS

AVERTISSEMENT

Le travail parlementaire est fort discrédité en France.

Le public — qui n'entend guère que le bruit des séances les plus tapageuses de la Chambre — juge avec sévérité ses représentants. Ce qu'il ne connait pas assez, c'est le bon labeur qui s'accomplit dans le cabinet de travail de certains membres du Parlement, et au sein des commissions de l'une et l'autre Assemblée.

Je concède que c'est le petit nombre de nos sénateurs et de nos députés qui y prend une part utile... Ce n'est pas une raison pour laisser rejaillir sur ces « bûcheurs » — tous les partis en comptent — le discrédit mérité par la vaine agitation de leurs collègues.

Lorsqu'il y a deux ans mon ami Marc Sangnier m'a prié de rédiger la Chronique sociale hebdomadaire de La Démocratie, je me suis souvenu que l'un des buts auxquels nous collaborions était la réhabilitation de la politique.

Il faut réhabiliter la politique en l'assainissant. Mais, avant tout, ne convient-il pas de relever le mérite trop ignoré d'une partie de ceux qui s'y adonnent et qui l'honorent ? Je l'ai cru.

C'est habituellement dans les « exposés de motifs » des projets et propositions de lois, dans les rapports des commissions, dans les débats parlementaires que j'ai puisé la matière de ma Chronique sociale. Mieux qu'un plaidoyer direct, le tableau d'une activité sérieuse et silencieuse m'a paru propre à rehausser dans l'esprit de mes lecteurs le prestige de nos Assemblées.

On m'a demandé de réunir en volume une partie de ces articles.

Si l'on ne trouve dans ces pages ni l'élégance du style, ni l'unité de la composition, on voudra bien se souvenir qu'elles ont été écrites au jour le jour, et dans le seul dessein de satisfaire une clientèle plus avide d'information et de documents que de littérature... C'est du reste tout ce qu'elle pouvait attendre de mon humble concours.

Je me suis contenté de classer mes articles, de les mettre au courant, et souvent de les condenser. Je m'excuse de n'avoir pas eu le temps de procéder à une refonte générale qui eût été nécessaire pour offrir une œuvre plus harmonieuse.

Ce livre n'a pas la prétention d'analyser entièrement le travail parlementaire accompli ou entrepris durant les premières sessions de cette dixième législature sur le terrain de la législation sociale. A ce compte, ce n'est pas un volume qu'il eût fallu publier : c'est presque une bibliothèque; pendant cette période de deux années et demie, la Chambre a été saisie de plusieurs centaines de projets et de propositions, dont une proportion extrêmement considérable a trait à la législation du travail. Et je ne parle par de ceux qui ont été présentés au Sénat.

J'ai fait un choix, en m'attachant à toucher la plupart des points qui ont été l'objet d'une réforme ou d'un projet de réforme de quelque étendue. Ce choix, je l'avoue, est un peu arbitraire. La destination de cet ouvrage et les dimensions matérielles qui lui étaient assignées ne me permettaient pas de ne pas le faire.

En retour, lorsque l'opportunité s'en est fait sentir, je n'ai pas craint de déborder le cadre de mon enquête, soit en cherchant en arrière quelques années au-delà des élections législatives de 1910, soit en examinant les propositions présentées hors de l'enceinte du Parlement, par exemple aux assemblées de l'importante Association nationale française pour la protection légale des travailleurs.

Mais je me suis appliqué à ne pas dépasser le domaine de la « législation du travail » qui, loin d'embrasser l'ensemble de ce qu'on est convenu d'appeler les « questions sociales », n'englobe même pas la totalité de la « question ouvrière ».

C'est ainsi que j'ai laissé de côté, non seulement la plupart des initiatives parlementaires touchant le statut des fonctionnaires et agents des services publics, mais encore toutes celles qui tendent à l'amélioration du sort des travailleurs par d'autres voies que la réglementation du travail salarié : retraites ouvrières, habitation ouvrière, coopération, etc...

Quelques-uns jugeront que, dans la plupart des chapitres, les problèmes multiples soulevés par la législation du travail sont envisagés à un point de vue trop technique, et que, somme toute, ce livre manque d'envergure.

C'est que le rôle des Parlements n'est pas d'édifier des systèmes sur le papier ou dans les discours, mais de pourvoir aux exigences concrètes de l'heure présente.

La philosophie sociale est une chose, le travail législatif une autre. La première plane très haut au-dessus des contingences ; son vol est d'autant plus libre qu'elle échappe dans une grande mesure au souci des réalisations immédiates. Le second est plus terre-à-terre ; il ne se désintéresse d'aucun détail; il s'applique à tout régler, à tout prévoir; il lutte con-

tre les obstacles; il s'acharne à les vaincre.

Mais que servirait de se battre si l'on n'avait un drapeau à porter de l'avant ?

Partout, au cours de cet ouvrage, dans les jugements qui y sont exprimés, dans les critiques et dans les commentaires des textes votés ou proposés, dans les quelques échappées que je ne me suis pas senti la force de ne pas ouvrir sur un horizon élargi ; — le lecteur sentira, j'ose l'espérer, le souffle d'un idéal vraiment et ardemment démocratique.

C'est lui, cet idéal, que la législation ouvrière vise à transcrire en formules juridiques. C'est vers lui qu'elle peut et doit soutenir la marche ascensionnelle du prolétariat, en lui qu'elle rejoint, et le mouvement convergent de l'organisation ouvrière, et cette multitude d'aspirations et d'efforts qui, au-delà des préoccupations trop étroites de l'intérêt de classe, contribuent à susciter en France l'avènement d'une République plus douce aux petits et aux faibles, plus juste, plus hardie, plus fraternelle.

A travers ces études fragmentaires, le lecteur découvrira lui-même l'unité de ce point de vue.

Nancy, le 1ᵉʳ janvier 1913.

G. R.

Vers un Code du Travail.

2

Les nomades du travail

———

Le grief le plus sérieux que la classe ouvrière puisse adresser à l'organisation sociale actuelle est de ne pas satisfaire son légitime besoin de sécurité.

Le contrat de salaire n'établit entre l'usine ou l'atelier d'une part, l'ouvrier ou l'employé d'autre part qu'un lien extrêmement précaire. De semaine en semaine, de mois en mois, le salarié est exposé à un brusque renvoi. La menace est sans cesse suspendue sur sa tête. Il pourra passer son existence à circuler de place en place : nulle part et jamais il ne pourra s'asseoir dans une position définitivement conquise.

On a dit que le salarié est le nomade du travail.

Sans doute, il ne faut pas pousser le tableau trop au noir. Si, en droit, l'attache du travailleur à son emploi est désastreusement fragile, en fait il y a des travailleurs qui demeurent de longues années, leur vie durant même, au service du même patron. Bien plus, il est des entrepreneurs qui, sous la double impulsion de l'équité et de leur intérêt bien entendu, ont donné à leur personnel un véritable « statut »; la Compagnie de Paris à Orléans l'a fait par un règlement du 25 octobre 1911, et la Compagnie de l'Est a amélioré le statut de ses agents par un décision entrée en vigueur le 1er janvier 1912.

Il n'en est pas moins vrai que, dans l'ensemble, les garanties juridiques manquent aux travailleurs; et c'est là, à notre avis, l'objet de doléances parfaitement justifiées.

C'est qu'il n'y va pas seulement d'une question de gros sous, mais d'une question de moralité.

L'homme est ainsi fait, qu'une certaine assiette matérielle est indispensable au développement de sa vie morale. Le Code Civil l'a si bien compris qu'il a imposé à chaque citoyen l'obligation de fixer d'une manière durable son établissement sur un point du territoire: chacun doit avoir un « domicile », à peine d'encourir les châtiments du délit de vagabondage.

On fait de grands efforts depuis quelques années pour aider l'ouvrier à se rendre propriétaire de sa maison; des lois ont été récemment votées dans ce but; des sociétés se sont formées en vue de leur application. C'est très bien. La prospérité de la famille ouvrière ne s'accommode pas du perpétuel provisoire des logements en location et des déménagements pitoyables du « terme ».

Mais, avant d'acheter une maison dans une ville ou dans un quartier, encore faudrait-il être assuré d'y garder du travail. Sinon, c'est une lourde chaîne que l'on se rive aux pieds. La sécurité du logement : d'accord ! mais, la sécurité du travail d'abord!

Au surplus, cette double sécurité des travailleurs, c'est aussi la sécurité publique. Le *Réveil des Cheminots* le faisait judicieusement observer dans une lettre ouverte au Ministère des Travaux Publics:

En tant que membre du Gouvernement, vous comprenez parfaitement, Monsieur le ministre, quel intérêt il y a pour la nation à ce que chaque citoyen cesse d'être un nomade du travail, pour devenir le titulaire tranquillisé d'une situation définie, assuré contre tous les risques de la vie: chômage, maladie, vieillesse.

Une telle organisation nationale ne peut être qu'une source d'ordre et de sécurité, conditions éminemment favorables au développement de l'industrie et du commerce. Ne pouvant procéder d'une façon générale et définitive, le Gouvernement dont vous faites partie, trouve un terrain d'expérience tout préparé dans l'exploitation des voies ferrées.

Intérêt des ouvriers, intérêt des entrepreneurs, intérêt général : ici, tous les intérêts se concilient.

On s'inquiète beaucoup des apaches ; les uns veulent réglementer la vente des armes, les autres conférer le port d'armes aux citoyens pourvus d'un brevet de bonne conduite... Le mieux serait de consolider la famille ouvrière ébranlée par les exigences de la vie économique contemporaine, de l'établir solidement sur son coin de terre et dans son foyer, comme dans une forteresse inexpugnable, et, pour lui permettre cet enracinement dans le sol, de garantir en quelque manière la durée des engagements entre patrons et ouvriers.

C'est déjà cette préoccupation qui inspirait jadis au comte Albert de Mun le projet d'organisation corporative qui servit de drapeau à l'*Œuvre des Cercles*.

C'est elle qui a dicté, entre autres dispositions législatives, celle du 27 décembre 1890 qui accorde des dommages-intérêts à l'ouvrier renvoyé pour motifs illégitimes, alors même que l'employeur aurait observé le délai de préavis fixé par la convention ou par l'usage.

C'est d'elle que procède l'un des articles du projet de M. Augagneur sur le contrôle des Compagnies de Chemins de fer : celui qui vise à contraindre les Compagnies à donner un statut à leur personnel, comme l'ont déjà fait d'ailleurs spontanément deux d'entre elles.

C'est à elle qu'il faut attribuer pour une large part cette course au fonctionnarisme dont se désolent tous les bons esprits. On n'y est généralement pas très bien payé; on y avance lentement ; on y souffre souvent plus ou moins dans son indépendance. Mais enfin, on est incorporé à des cadres; et on a des chances d'y demeurer jusqu'à la retraite.

Préoccupation bourgeoise, tant qu'il vous plaira ! Il ne faut pas être dupe des mots. Gardons-nous de l'esprit de classe. Si l'esprit bourgeois exprime ici une idée saine, associons-nous à lui, sauf à le combattre ailleurs. Et l'esprit bourgeois exprime une idée saine, en tant qu'il proteste contre l'instabilité de la condition des travailleurs.

Cette instabilité peut donner satisfaction aux lois de l'économie politique libérale, et aux conceptions du syndicalisme révolutionnaire : les idéologues de l'extrême-droite ne s'unissent-ils pas aux idéologues de l'extrême-gauche, pour se refuser à voir dans le travailleur autre chose qu'une force productrice, et à faire état dans l'organisation économique de la dignité humaine de l'ouvrier?

Que cette manière de voir ne soit pas chrétienne : il n'est pas besoin de le prouver. Qu'elle soit en contradiction avec les tendances démocratiques : il suffit, pour s'en convaincre, de se rappeler l'importance attachée par les « grands ancêtres », au respect des « droits

de l'homme », qu'ils croyaient justement su-
périeurs à tous les régimes politiques et à
toutes les formes d'organisation sociale.

Sans prendre parti pour le projet de M. Augagneur (dont nous n'avons d'ailleurs touché
qu'un point passé inaperçu du public, dans
l'émoi soulevé par le surplus), nous ne pouvons pas ne pas souscrire au principe de l'attribution d'un statut aux cheminots.

Il revient aux services publics de donner
le bon exemple à l'industrie privée. Et les
Compagnies sont concessionnaires d'un service
public.

Peut-être, au surplus, notre Ministre des
Travaux Pulbics eût-il obtenu plus sûrement
cette satisfaction par une intervention offi-
cieuse que par la menace d'une loi de rigueur.

Si j'étais cheminot, je lui en voudrais d'a-
voir compromis une réforme aussi aisément
acceptable, dans un débat de principe où les
conseils d'administration devaient se retran-
cher dans un résistance intransigeante (1).

Je demanderais la disjonction, comme on dit
au Palais-Bourbon...

(1) Il s'agissait de soumettre à l'approbation
ministérielle la nomination d'un certain nombre
de membres du personnel des Compagnies.

Le code du travail

Le projet de codification des lois ouvrières vient de fêter son seizième anniversaire. C'est le 14 mars 1896 qu'il fut déposé à la Chambre par M. Arthur Groussier. Il subit d'ailleurs de profondes transformations au cours de cette interminable gestation. Le livre premier a été promulgué le 28 décembre 1910, et le second le 30 novembre 1912 (1). Quand les autres verront-ils le jour?

Mais d'abord, à quoi bon un Code du Travail ?

Tout le monde sait qu'il ne s'agit point de créer une législation ouvrière nouvelle, mais simplement de rassembler dans un ouvrage

(1) Il a déjà été amendé sur quelques points par la loi du 3 janvier 1913.

méthodiquement ordonné une foule de prescriptions éparses dans un grand nombre de textes votés depuis la Révolution, et surtout depuis 1848. Le Code une fois établi, il n'y aura pas une réglementation de plus.

Alors, cela vaut-il la peine de se donner tant de mal ?

Nous le croyons ; et nous nous proposons précisément de faire ressortir dans ce chapitre la triple portée du travail entrepris.

Nos lois ouvrières forment aujourd'hui un amas incohérent de textes rédigés sans méthode, sans vues d'ensemble. Il est horriblement difficile de s'y reconnaître.

Difficile pour les intéressés d'abord : comment veut-on que des ouvriers et des employés entendent quelque chose à ce fatras ? Les invitera-t-on à aller suivre les cours de l'Ecole de Droit ; ou les abandonnera-t-on à la sollicitude des gens d'affaires qui leur proposent leurs offices... moyennant finance ?

Le premier mérite d'une législation démocratique est d'être claire ; et s'il est une branche de la législation où l'obscurité soit impardonnable, c'est celle où les travailleurs ont à s'instruire de leurs droits et de leurs devoirs.

Notez que la complication de notre droit ouvrier est aussi un très sérieux obstacle à son application.

C'est dans les interstices de lois mal ajustées que les employeurs trouvent les « fuites »

par où s'échappe une bonne partie de leur efficacité. C'est aussi dans cet enchevêtrement
que réside, pour beaucoup, la cause des con-
troverses qui paralysent la vertu des textes :
on discute si telle loi a été virtuellement abrogée par telle autre, si le bénéfice de
telles règles se cumule avec celui de
telles autres ou s'ils se substituent l'un
à l'autre... Que les discussions qu'a soulevées, dès sa mise en vigueur, la loi sur les
retraites, nous édifient sur les inconvénients
d'une législation écrite par bribes et par mor-
ceaux !

La codification y remédie par une double
effort.

Le premier, purement matériel, est de dé-
couper les innombrables prescriptions exis-
tantes, et de les attacher, bout à bout, suivant
un plan préconçu, mais sans en modifier la
teneur.

Le second, c'est d'apporter certaines retou-
ches de détail qui, sans altérer profondément
l'état présent du droit, feront disparaître des
contradictions, résoudront des diversités injus-
tifiables, donneront à l'œuvre tout entière de
l'unité et de la cohésion.

Le Code pourra ainsi se lire d'un bout à
l'autre comme un recueil de prescriptions bien
classées ; et il sera facile — l'ordonnance générale une fois connue — de trouver, rassem-
blés au même point et formés en une masse

concordante, les textes relatifs à une question donnée.

Quand une loi nouvelle sera votée par la suite, elle procédera par voie de modification de tels ou tels articles du Code du Travail. Elle se glissera dans le Code à la place qui lui convient. Et il suffira d'avoir un exemplaire à jour pour se dispenser de toutes recherches au dehors.

Le second mérite du Code du Travail est plus subtil.

Jusqu'ici le Code civil forme le « droit commun ». Lui seul est un tout complet qui se suffit à lui-même. Il règle toutes sortes de relations juridiques susceptibles de se nouer entre des hommes, en toutes les matières où il n'y est pas dérogé par un autre texte.

Ce sont les principes et les règles du Code civil qui sont donc à la base des rapports d'employeurs à employés. La législation particulière du travail n'est qu'une suite d'adaptations et d'exceptions qui se greffent sur le « droit commun » représenté par le Code civil et qui en troublent d'ailleurs passablement l'harmonie.

Faire un Code du Travail, c'est un pas décisif en sens contraire.

C'est décharger le Code civil de tous ces embarras qui l'encombrent ; c'est lui rendre le libre épanouissement de ses principes dans le domaine qui est le sien. Mais c'est aussi dé-

limiter son domaine, et commencer à constituer sur un terrain nouveau les rapports juridiques issus du travail.

C'est proclamer l'autonomie de la législation
du travail sur son territoire, et se décider à
tirer de cette législation elle-même et de la
vie ouvrière pour qui elle écrite, les principes
nouveaux qui se substitueront à ceux du Code
civil.

Cela, c'est une révolution juridique. La codification ne la parachèvera pas. Elle lui donnera la plus vigoureuse impulsion.

Si l'on veut se rendre compte à quel point
l'esprit du Code civil répugne à toutes les idées
modernes quant à sa conception du travail, il
suffit de se rappeler le mot de Pothier, son
ancêtre immédiat:

> Observez qu'il n'y a que les services ignobles
> et appréciables à prix d'argent, qui soient sus-
> ceptibles de contrat de louage, tels que ceux des
> serviteurs et servantes, des manœuvres, des arti-
> sans, etc...

Fidèle à cet esprit, l'article 1780, l'un des
deux brefs articles qui règlementaient le
« louage de services », stipulait que le maître
serait toujours cru sur son affirmation. L'article est abrogé. Mais l'esprit qu'il traduisait
demeure celui de ce fameux « droit commun »
qui règle, à défaut de dérogation, les conflits
entre patrons et ouvriers.

Ces dérogations elles-mêmes, — les lois ouvrières, — nos magistrats sont naturellement enclins à les interpréter en « civilistes », c'est-à-dire à les rapporter au vieux canevas. Transposées de la sorte, elles ne rendent pas ce qu'on en attendait. C'est cela qu'il faut changer.

Il y va d'ailleurs de l'intérêt de la législation civile elle-même.

Elle fut tout; elle risque de n'être plus rien, à force de se laisser écraser par une législation sociale de plus en plus lourde. Les droits de l' «homme » firent jadis oublier les droits du « travaileur ». Les droits du travailleur menacent aujourd'hui de faire perdre de vue les droits de l'homme. M. Thaller, professeur à la Faculté de Droit de Paris, en fait très judicieusement la remarque:

Submergé sous la législation du travail, le code civil souffrirait d'un véritable étouffement. Il n'y aurait plus de place pour légiférer sur la famille, sur les successions, sur les contrats. Voit-on les grèves, le contrat collectif, l'arbitrage, les assurances de retraites ou d'accidents, les règlements d'atelier, encombrer le code civil, sans que ses cadres éclatent par là-même!

Au surplus la promulgation du Code du Travail ne risque pas de paralyser pour l'avenir l'effort législatif. Au contraire, elle contribuera à l'orienter et à le discipliner.

La codification, écrit M. Groussier, en même temps qu'elle aura fait apparaître les trous, les lacunes de notre législation du travail, constituera le cadre, l'ossature d'une œuvre plus parfaite, mieux appropriée aux nécessités économiques, à la défense des intérêts légitimes de tous ceux qui travaillent.

C'est ainsi qu'en jetant un coup d'œil sur le livre premier, on est aussitôt frappé de l'effrayante maigreur du chapitre fondamental: le contrat de travail.

Qu'y trouve-t-on? Un article du Code civil, amendé en 1890, sur l'exercice du droit de congé, une loi de l'an XI, parfaitement oubliée mais non point abrogée, qui interdit aux ouvriers de s'embaucher pour plus d'un an, la prohibition portée par la loi mais méconnue par la jurisprudence de la pratique du marchandage, le droit au certificat, deux règles relatives aux femmes en couche et aux ouvriers accomplissant une période d'instruction militaire: c'est tout; et c'est peu:

Aucune règlementation générale du contrat de travail, s'écrie notre ami M. Raoul Jay. Les plus graves questions attendent une solution.

C'est ainsi que la détermination des conditions de validité et de preuve du contrat de travail reste abandonné aux seules règles du droit commun. On sait pourtant combien, spécialement en matière de preuves, les exigences de ce droit commun se concilient mal avec les habitudes du monde du travail.

L'absence d'une législation spéciale sur les conditions de validité du contrat de travail peut avoir de plus fâcheuses conséquences. Le développement de la grande industrie rend, dans des cas de plus en plus nombreux, impossible la libre discussion du contrat individuel de travail. Œuvre du seul patron, le règlement d'atelier ne se contente pas toujours de prescrire des mesures d'ordre intérieur. Il constitue parfois un véritable contrat de travail. On le voit établir ou supprimer le délai-congé, autoriser des retenues sur les salaires, etc. Plusieurs, parmi les plus importantes législations étrangères, sont intervenues pour prescrire la publicité du règlement d'atelier, exiger la consultation des ouvriers, imposer certains contrôles, certaines homologations...

Ce n'est qu'un exemple.

Le Code du Travail doit marquer une étape dans le développement de notre législation sociale. Une étape est un point d'arrêt, mais elle est aussi un point de départ.

II

Le Contrat de Travail

———

Les conventions collectives

Une grève prend fin. Une convention intervient entre l'employeur ou un syndicat d'employeurs et le comité de grève ou un syndicat ouvrier: les salaires seront relevés dans telle mesure; les ouvriers de telle catégorie ne seront plus astreints à telle besogne; les heures supplémentaires seront rémunérés suivant tel barême, etc.

Une pareille convention n'a, dans notre droit positif, qu'une valeur juridique insignifiante. Et la paix conclue est aussi dépourvue de garantie judiciaire effective qu'un traité diplomatique entre deux Etats.

C'est en effet un principe du droit civil que « les conventions n'ont d'effet qu'entre les parties ». Or, ne peuvent être tenus pour « partie » dans la convention collective, que les grévistes : c'est-à-dire les ouvriers qui étaient attachés à l'entreprise au temps de la convention. Donc il suffit que l'entrepreneur s'adresse à un personnel nouveau, pour avoir le droit d'embaucher moyennant des salaires et sous des conditions que n'autorisait pas la convention collective.

Bien plus, rien n'empêche chacun des ex-grévistes de renoncer individuellement au bénéfice des stipulations collectives, ni le patron de lui... suggérer cette renonciation. Tout cela est *légal*.

Dans ces conditions la convention collective devient un leurre.

Quelques syndicats ont songé à user d'une voie oblique pour en assurer le respect.

Défenseurs attitrés des intérêts généraux de la profession, ils ont estimé qu'il leur appartenait de poursuivre eux-mêmes la réparation pécuniaire du préjudice causé à la corporation par l'employeur qui embauche dans des conditions différentes de celles prévues au contrat.

Cette thèse a reçu plusieurs fois l'adhésion des tribunaux. C'est ainsi que, le 10 mars 1908, la Cour d'appel de Lyon admit la demande formée par *Chambre syndicale des employés de tramways à vapeur de Saint-Etienne* contre la *Compagnie des chemins de fer de Saint-Etienne à Firminy.* Mais une année plus tard, la jurisprudence de la Cour de Lyon était repoussée par le Tribunal de la Seine, dans une affaire intéressant le syndicat des ouvriers couvreurs: attendu, disait le jugement, « *que s'il est justifié à l'égard des entrepreneurs d'avoir embauché des ouvriers au prix de 7 fr. 50, chiffre inférieur à la convention (collective), il n'est pas établi que les ouvriers dont il s'agit ont fait partie du syndicat ouvrier, et que par suite celui-ci est sans droit pour demander des dommages-intérêts.* »

Commentant cette dernière décision l'*Eveil démocratique* du 12 septembre 1909 affirmait sans exagération:

Il résulte de ce jugement que, dans l'état actuel de notre législation, le contrat collectif de travail est une garantie illusoire, puisqu'il n'a aucune valeur devant les tribunaux... Quand fera-t-on cesser par un texte législatif cette bizarre et anormale situation ?

Ce texte législatif a été proposé par le Gouvernement le 11 juillet 1910.

L'économie en est très simple:

1° Sont tenus pour adhérents à la convention collective:

a) tous employeurs et employés qui, faisant partie lors des négociations de l'organisation patronale ou ouvrière qui a passé la convention, n'ont pas démissionné dans les trois jours qui en suivent le dépôt au secrétariat du conseil des prudhommes;

b) Les employeurs et employés qui y adhéreront par la suite.

Entre elles ces personnes ne peuvent stipuler de clauses contraires à la convention. collective, à peine de nullité.

2° Les employeurs liés par la convention collective doivent s'y conformer même lorsqu'ils embauchent des employés non adhérents à cette convention. Réciproquement les ouvriers et employés liés par la convention doivent s'y conformer même lorsqu'il s'embauchent auprès de patrons non adhérents.

Mais ici, la sanction n'est plus la nullité des tipulations contraires; ces stipulations, valables entre ¹es parties, donnent seulement ouverture à une action en dommages-intérêts contre la partie tenue par la convention collective.

Cette action peut être intentée par les syndicats professionnels et par les individus membres de la collectivité qui a pris part à la convention collective. Le délinquant peut du reste être poursuivi à la fois par l'organisation dont il fait partie et par l'organisation envers laquelle il s'est engagé:

3° La convention collective ne peut être passée pour plus de cinq ans; si sa durée n'a pas été déterminée, elle peut toujours être dénoncée après préavis d'un mois.

La convention collective ainsi conçue est tout autre chose que le contrat de travail proprement dit.

Celui-ci est l'engagement réciproque pris par un ouvrier de travailler tant d'heures par jour, et par un patron de payer en retour tel salaire. La convention collective est une charte, une sorte de loi de la profession portée par la majorité des patrons et des ouvriers d'un métier et d'une localité et pour un nombre d'années déterminé. C'est une loi, subordonnée sans doute quant à son efficacité juridique, aux lois générales de la République portées par le Parlement, mais à laquelle sont subordonnés à leur tour tous les contrats de travail passés à l'avenir dans la circonscription qu'elle régit. De même que tout citoyen est en droit de se réclamer de toutes les lois de l'Etat, même de celles auxquelles il n'a pas souscrit par l'intermédiaire de son député, de même tout patron et tout ouvrier sont en droit de se réclamer de la convention collective tant qu'elle est en vigueur, alors même qu'ils seraient demeurés étrangers à sa confection, sous la seule condition d'adhérer à l'organisation contractante. Et de même qu'ils sont en droit de s'en réclamer, de même ils sont tenus de la respecter. Toutes conventions particulières contraires à la convention collective sont illicites, comme sont illicites toutes conventions passées en violation des lois de l'Etat. (1)

(1) Le très ancien droit français n'a pas connu la protection légale des travailleurs. La réglementation du travail était l'œuvre des statuts

On le voit: il y a dans cette conception de
'a convention collective — sinon dans les termes du projet, du moins derrière ces termes —
tout une révolution de la notion de loi et de
la notion d'Etat.

C'est l'interposition entre le pouvoir législatif qui siège au Luxembourg et au Palais-
Bourbon, — et l'individu, — d'un pouvoir législatif secondaire. C'est l'organisation de la
profession : intermédiaire officiel entre le
pouvoir central et les citoyens. C'est une disso-
ciation de l'autorité législative. C'est un pas
important vers un « fédéralisme économique »
qui, combiné avec un certain « fédéralisme
régionaliste », peut rénover complètement les
conceptions individualistes et centralisatrices
que nous a léguées le XIXe siècle.

Nous n'avons pas besoin d'insister pour faire
sentir combien l'idée de la convention collec-

corporatifs. Peu à peu, les corporations perdirent
leur autonomie. Elles reçurent leurs lois du gouvernement. La législation d'Etat se substitua, sur
le terrain professionnel, à la législation corporative autonome.

C'est le phénomène inverse qu'il faut attendre
aujourd'hui de l'évolution démocratique. La pro-
tecion légale des travailleurs devra se résorber
dans une règlementation autonome, dont les conventions collectives sont la formule moderne. On
voit par là que nous n'admettons pas l'extension
illimitée de l'interventionnisme parlementaire ;
nous n'y voyons qu'un stade a franchir.

tive, telle quelle se présente ici, touche de près à certaines réformes constitutionnelles, comme la transformation du Sénat en assemblée de représentation professionnelle. C'est le partage de la fonction publique entre les pouvoirs politiques et les groupements privés, — l'érection de l'association, de la corporation, en corps officiel participant, comme tel, d'une façon ou de l'autre, à l'œuvre législative. L'organisation politique actuelle ne connaît que des individus; l'organisation politique future connaîtrait encore des personnes morales et s'assiérait également sur les droits politiques des individus et sur les droits politiques des corps professionnels constitués.

...Et vous dites: « C'est un gros morceau à avaler! »

C'est peut-être bien pour cela que la question n'avance pas plus vite. Nos gouvernants et nos parlementaires ne sont pas pressés d' « avaler le morceau ! » (1)

(1) A la convocation d'une des dernières assemblées de l'*Association nationale française pour la protection légale des travailleurs*, était joint le texte d'une proposition de M. Deslandres qui a le gros mérite de ne pas soulever les mêmes problèmes.

La charte collective, selon ce projet, serait l'œuvre de l'autorité municipale, qui la dresserait en vertu du pouvoir règlementaire que la loi reconnaît aujourd'hui au maire en une foule d'autres matières (la police par exemple). Seulement le

Mais la poussée grossissante de la démocratie finira bien par venir à bout de leur timidité.

maire ne prendrait d'arrêtés de cette sorte que sur la demande des trois quarts des intéressés.

Cette proposition est évidemment moins hardie que le projet du gouvernement, puisqu'elle n'institue pas un nouveau pouvoir pseudo-législatif.

Voilà qui est à coup sûr bien moins « révolutionnaire » et qui pourrait, par suite, avoir beaucoup plus de chance de réussir prochainement.

Le salaire minimum

A maintes reprises déjà, *La Démocratie* s'est élevée contre l'illusion, encore très répandue en France, que la législation ouvrière et la prévoyance sociale opèrent une sorte d'expropriation des patrons pour cause d'utilité électorale.

C'est la thèse chère à M. Yves Guyot. Son apparente simplicité la rend populaire dans les milieux bourgeois.

Combien elle est au moins exagérée, c'est ce que va nous affirmer un membre de la Chambre, patron lui-même, et apparenté à l'une des familles qui détiennent l'industrie textile dans les Vosges.

Son témoignage fera sans doute impression.

Il a trait à la réforme la plus troublante pour l'économie politique libérale : celle qui

a pour objet de soustraire la détermination
du salaire au libre jeu de l'offre et de la
demande ; celle qui procède de cette « hérésie »
que le travail humain n'est pas une marchandise comme une autre, que son prix ne peut
descendre au-dessous du taux fixé par les
besoins de l'ouvrier, et que l'Etat est qualifié
pour intervenir entre employeurs et employés,
et garantir à ceux-ci un salaire minimum...
On ne se moque pas plus agréablement du libéralisme orthodoxe.

Voici de longues années que la question est
posée devant la Chambre des députés ; mais
c'était par des socialistes. Le comte Albert
de Mun a bien présenté, lui aussi, dès le
2 avril 1909, une proposition de loi portant
la réglementation du salaire minimum dans
les industries à domicile. Mais, encore qu'il
n'adhère pas au parti unifié, le comte de Mun
ne passe-t-il pas pour un socialiste aux yeux
des libéraux impénitents? — bien pis : un
« socialiste chrétien » !

Or, voici que, parmi les députés-patrons,
une sorte de « jaune » prend les fait et cause
du « parti du désordre », adhère avec éclat a
la campagne du député catholique du Finistère,
et propose d'étendre son projet à toutes sortes d'ouvriers ou d'employés du commerce et
de l'industrie.

Le 5 décembre 1910, M, Paul Cuny a présenté une proposition de loi « tendant à établir un minimum de salaire pour tous les travailleurs ». Et son exposé des motifs débute par cette inquiétante affirmation :

Messieurs, l'institution d'un minimum de salaire pour tous les travailleurs est *l'une des plus urgentes* parmi les nombreuses réformes démocratiques que le pays attend de votre sollicitude éclairée.

C'est l'abomination de la désolation !

Nous n'avons pas beaucoup d'illusions sur le sort qui attend la proposition de M. Cuny. Ce serait déjà beau de faire aboutir celle de M. de Mun. Il n'en est pas moins intéressant d'examiner les considérations capables de déterminer un chef d'industrie à une résolution aussi surprenante.

C'est, pense-t-il, l'intérêt des travailleurs qui fait apparaître la réforme comme *nécessaire* ;

L'intérêt patronal bien compris qui en fait ressortir *l'utilité* ;

L'exemple de l'étranger qui ne permet plus de douter qu'elle ne soit pas *possible*.

L'intérêt des ouvriers.

Il est de tradition, dans les manuels d'économie politique, de s'extasier sur la hausse constante des salaires. C'est une exagération, proteste M. Cuny.

Si nous examinons le mouvement de hausse des

salaires au dix-neuvième siècle, nous constatons, d'après les données des économistes, que :

De 1806 à 1853, les salaires ont augmenté très lentement, seulement de 24,5 p. 100 en quarante-sept ans;

De 1853 à 1880, ils ont au contraire monté étonnemment, de 77 p. 100 en vingt-sept ans.

Mais depuis 1880, la hausse des salaires a subi un ralentissement considérable dans beaucoup de professions, de l'avis des économistes les plus autorisés.

Il y a donc, de ce côté, un sujet de légitimes déceptions pour un grand nombre de salariés.

D'autre part, le coût de la vie s'est rapidement accru en ces dernières années, au moment même où se tassait l'élévation des salaires. Durant les dix premières années de ce siècle, la hausse des salaires n'a été que de 10 p. cent alors que le coût de la vie s'élevait dans le rapport de 20 p. cent.

D'où une crise.

Cette crise n'a pas d'autre cause que « la persistance de certaines erreurs dans la société relativement aux principes de l'organisation des salaires ». Quelles erreurs ?

De nos jours, le salaire se paye sur conditions débattues, mais sans autre règle que celle de l'offre et de la demande. Il n'est guère tenu compte de ce que le travail renouvelant constamment les moyens d'existence, ces moyens doivent être pleinement assurés aux hommes de labeur.

Félicitons M. Cuny de cette courageuse déclaration. Si c'était nous qui la faisions, on
nous traiterait d'idéologues ; on nous accu-
serait de n'avoir pas de sens pratique, de ne
rien connaître aux affaires ; on nous dirait
de nous mêler de ce qui nous regarde.

Aujourd'hui, c'est un patron qui parle.

Les intérêts patronaux peuvent-ils trouver
leur compte à l'institution du salaire minimum ? M. Cuny n'en doute pas. Nos lecteurs
nous sauront gré de reproduire intégralement
sa démonstration :

« S'il est une loi économique à prendre en considération en cette matière, et dont, pour ma part,
j'ai pu vérifier la constante application, c'est la
loi de solidarité qui unit étroitement les divers
collaborateurs de la même entreprise industrielle,
agricole ou commerciale.

Il est très vrai, en général, que tout ce qui
profite aux employés profite aux employeurs, et
que tout ce qui est à l'avantage de ceux-ci tourne
à l'avantage de ceux-là.

Dans la mesure où le permet l'état de leur entreprise, les employeurs ont intérêt, d'ordinaire,
à améliorer le sort de leur personnel; ils stimulent
ainsi le zèle et le dévouement de celui-ci; ils aug-
mentent son coefficient de productivité, dans le
rendement de l'affaire elle-même.

C'est une considération très rationnelle; mais,
dans la pratique, il faut tenir compte de la concurrence entre employeurs. Le relèvement des salai-

res n'est possible qu'à une condition : c'est d'être consenti également par tous les patrons d'une même industrie, d'un même commerce.

Sinon, il est clair que le refus d'un seul peut suffire à mettre les autres en état d'infériorité au point de vue de la concurrence.

Donc, pour la règlementation du minimum de salaire, une loi apparaît bien comme indispensable : puisqu'une loi seule peut mettre effectivement tous les concurrents sur le même pied d'égalité.

Je n'ai pas besoin d'ajouter que cette loi ne doit pas tendre à relever sans limites le minimum de salaire, car il en résulterait des charges trop lourdes pour les employeurs : ce qui les mettrait en fâcheuse posture par rapport à la concurrence étrangère. Ici, comme ailleurs, il y a une juste mesure à observer dans l'intérêt général.

Que de fois ne l'avons-nous pas dit et écrit : sous le régime de la libre concurrence, ce sont les « mauvais patrons » qui font la loi aux « bons». Loin d'opprimer la liberté patronale, la législation ouvrière l'affranchit de la servitude de la concurrence : elle ne fait obstacle qu'à d'inavouables spéculations.

Le minimum de salaire, enfin, est-il possible ?

On sait que toutes les lois sociales, à entendre les tenants du libéralisme, sont inapplicables. Elle doivent ruiner les entreprises et par suite jeter les ouvriers sur le pavé.

Le Parlement les vote tout de même; l'industrie continue à prospérer ; et les travailleurs y trouvent de nouvelles sécurités.

Ici, rien de concluant comme l'exemple. Ce n'est pas possible ? dites-vous. Or, cela est.

L'Allemagne, l'Autriche, l'Italie, la Suisse se préparent à voter des lois sur le minimum de salaire. Dans la libérale Angleterre, c'est chose faite : le *Trade Boards Act* du 20 octobre 1909 a créé des conseils industriels pour l'établissement de tarifs minima de salaires dans certaines entreprises.

Le projet de Mun est d'ailleurs imité de la loi anglaise. Et le projet Cuny n'est que l'extension du projet de Mun à l'ensemble des industries. En voici du reste l'économie :

Des comités de salaires siègeraient dans chaque département et pour chaque profession. La délimination des professions serait faite pour chaque département par un arrêté du ministre du travail pris après avis du conseil général.

Les comités se composeraient de six délégués élus par les employeurs et six délégués élus par les employés. Les femmes seraient électrices et éligibles. Les élections auraient lieu chaque trois ans.

Le comité fixerait au moins une fois par an le salaire minimum de la profession, tant pour le travail aux pièces que pour le travail à la journée. La décision ne serait prise définitivement qu'un mois après l'affichage du projet dans les mairies; durant ce délai les intéressés pourraient formuler leurs objections.

Le comité départemental examinerait les objections, et, au cas où il n'en tiendrait pas compte, un recours serait ouvert aux intéressés devant un comité central constitué pour un groupe interdépartemental et composé de douze délégués des comités départementaux et des présidents du tribunal de commerce, de la chambre de commerce et du conseil de prud'hommes du lieu où il siège.

Enfin tout employeur qui contreviendrait aux réglements de salaires serait passible d'une amende de 20 à 500 fr. par employé ou ouvrier, sans préjudice de son obligation de compléter le salaire de l'ouvrier et, éventuellement, de lui payer des dommages-intérêts. L'amende serait doublée en cas de récidive. Enfin, un article, fort important, autorise les syndicats à exercer en justice les actions nées de la nouvelle loi.

Telles sont les dispositions générales d'un projet, hardi à coup sûr, mais dont le principe — quelles que soient les difficultés pratiques d'exécution — fera plus pour la paix sociale que l'intransigeance de ses détracteurs. (1)

(1) Notre ami Barthélemy Raynaud vient de publier un gros volume *Vers le Salaire minimum*. Nos lecteurs y trouveront une étude approfondie du sujet que nous venons d'esquisser. (*Larose*).

III

Grève et Arbitrage

La liberté du travail

Elle est le dogme de l'économie politique libérale.

Un dogme bien plus intransigeant que ceux de l'Eglise. Car les théologiens catholiques s'appliquent à scruter et à développer le contenu du Symbole des Apôtres; tandis que les docteurs du libéralisme ne se permettent pas semblable indiscrétion vis-à-vis de leur *Credo*. Leur religion est toute verbale; leur « orthodoxie », c'est le culte d'une formule.

Ils ont joliment raison ! S'ils creusaient la formule, ils trouveraient le néant.

Alors, ils s'interdisent de la creuser.

Est-ce que la belle ordonnance logique d'un système ne témoigne pas assez de sa vérité? et faut-il se casser la tête à en discuter les bases ? Ne convient-il pas plutôt, en notre

siècle, de réagir contre la manie de tout mettre en question : même les principes les plus
vénérables ? Arrière, ce esprit de nouveauté
et de négation ! Arrière cette curiosité de
mauvais aloi ! Arrière les vains prétextes
d'une science futile !

Ces Messieurs sont évidemment des « pen-
seurs libres ».

Les « esprits diminués » que nous sommes
ont le caractère bien moins accommodant; ils
osent contrôler les lois économiques; ils ont
l'audace de s'enquérir des faits qu'elles aspi-
rent à gouverner; et quand les réalités protes-
tent contre la loi que les économistes veulent
leur imposer, ils prennent parti pour elles, et
ils bafouent les économistes et leur lois. Les
insolents !

C'est précisément de la sorte qu'ils traitent
la liberté du travail.

La liberté du travail : où l'avez-vous trou-
vée, je vous prie ?

Est-ce que votre perruquier a la liberté de
fermer le dimanche quand tous les Figaros
du quartier coupent et rasent sept jours sur
sept? Est-ce que la couturière de vos filles
la liberté de supprimer la veillée, quand ses
concurrentes sont là pour exécuter en hâ
les commandes pressées de ces demoiselles
Demandez donc à votre boulanger s'il est libr
de travailler et le jour et de dormir la nuit
Demandez à tous les entrepreneurs que vou

rencontrez s'ils ont la liberté d'embaucher des ouvriers à d'autre prix que leurs rivaux !

Ils n'ont tous qu'une liberté : faire comme les autres ou se ruiner ; « se soumettre ou se démettre ». C'est une liberté qu'ils partagent avec le Président de la République : un très haut fonctionnaire qui n'a pas la réputation de jouir d'une très grande indépendance vis-à-vis de ses ministres et de la majorité parlementaire.

La liberté, cela ? C'est pour rire. Le joug d'une force aveugle, l'oppression d'une solidarité tyrannique : voilà ce que couvre le pavillon de la liberté du travail. C'est une fraude, car cette solidarité est exactement le contraire de la liberté.

C'est la grève des taxis-autos qui m'amène à revenir sur ces vérités élémentaires

Elle fut, durant plusieurs semaines, exemplaire par son calme. Dernièrement elle est entrée dans l'ère des violences.

Ces façons de faire sont intolérables : je le dis bien haut.

Je ne crois pas beaucoup à la liberté du travail (1). Mais je crois bien moins encore au droit d'assommer les « jaunes » et de mettre le

(1) Il ne faut pas oublier que, dans sa signification primitive, la liberté du travail n'était que le libre choix de la profession. On l'a entendue autrement depuis !

feu aux voitures des Compagnies. Il peut y avoir des excuses : l'affolement d'une défaite qui menace, une surexcitation longtemps maîtrisée qui éclate, un ressort tendu si fort qu'il se brise... Ces excuses ne sont une justification ni devant la conscience publique, ni devant la loi écrite. C'est entendu.

Seulement, la loi écrite ne porte-t-elle pas en quelque mesure la responsabilité de ces excès ? Ne fait-elle pas la part trop belle à la fiction de la liberté du travail ? Et son insuffisance n'est-elle pas comme une provocation aux explosions de la colère ouvrière ?

Je m'explique.

Il y a des grèves dont le seul but est de faire du bruit : les grèves révolutionnaires. Elles sont les grandes manœuvres du « prolétariat organisé », et militairement organisé dans les régiments syndicalistes en vue de la déclaration de la guerre... sociale. Pour ces grèves les revendications professionnelles ne sont qu'un prétexte : la grève de 1905, à Neuves-Maisons, s'est continuée après satisfaction donnée par la compagnie minière à ses ouvriers ; furieux de cette solution expéditive, les meneurs formèrent sur-le-champ de nouvelles réclamations, afin de soutenir l'agitation... Aux grandes manœuvres, les « manchons blancs » n'ont pas le droit de capituler avant le jour prévu.

Contre les violences qui marquent toujours

ces grèves stupides, et qui en sont à vrai dire la raison d'être, la loi ne peut que sévir.

Mais il y a d'autres grèves, dont elle pourrait et donc devrait prévenir les excès. Il y a des grèves sérieuses, qui visent effectivement à quelque amélioration de salaire, à quelque réduction d'heures de travail qui n'ont pu être obtenues par des démarches amiables. Souvent il ne s'agit même que de défendre le *salaire réel* des grévistes compromis par le renchérissement des vivres.

Ces grèves vraiment professionnelles, qui oserait les blâmer en bloc ? Or, elles aboutissent fréquemment, elles aussi, à des brutalités condamnables : témoin la grève des chauffeurs.

Pourquoi ?

Parce que le droit de grève n'est ni organisé ni raisonnablement garanti.

La force publique et les tribunaux, la loi elle-même considèrent « le droit d'un ouvrier, fût-il seul, à travailler » comme « égal au droit de tous les autres à ne pas travailler ».

Cette formule — qui est, dit-on, de Waldeck-Rousseau, — est périlleuse, parce qu'elle aboutit à rendre pratiquement illusoire le droit de grève nominalement reconnu par la loi de 1864. Comment voulez-vous qu'une grève aboutisse, s'il est possible au patron de remplacer les grévistes par des « jaunes » sous la protection de la police et des gendarmes ? C'est un geste maladroit de donner d'une main et de retirer de l'autre. C'est manquer de franchise, et c'est susciter la colère des gens qu'on a mystifiés.

Voilà le vice de notre législation : elle a proclamé le droit de grève, elle a omis de le reglementer et de le garantir. (1)

M. Millerand a déposé en 1900, alors qu'il était ministre du commerce, un projet de loi sur la solution des conflits collectifs entre patrons et ouvriers. (2)

Plusieurs articles de ce projet organisaient précisément le droit de grève. La grève devait être votée à la majorité des voix par le personnel de l'établissement intéressé. Le vote devait être renouvelé de sept jours en sept jours. La décision de la majorité s'imposait à la minorité. C'était une obligation pour tout le monde de chômer ou de reprendre le travail, suivant le résultat du scrutin hebdomadaire.

(1) Cela m'a toujours paru un mauvais jeu de mots de répondre à cette objection : il n'y a pas de « droit de grève »; la grève est un fait que la loi n'érige pas en délit : voilà tout.

(2) Ce projet a été rapporté par M. Colliard, en même temps que ceux de MM. Paul Constans, Rudelle, Ferdinand Buisson, Desplas et Chautard. Depuis ce rapport, une nouvelle proposition a été faite par M. Massabuau. Le 10 mars 1911, M. Fleury-Ravarin a également présenté à la Chambre une proposition sur l'organisation du droit de grève.

L'autorité publique veillait au respect de la décision de la majorité.

La suite du projet réglait la conciliation et l'arbitrage.

Aujourd'hui M. Millerand est devenu moins ambitieux. Sans renoncer au programme qu'il développait en 1900, il désespère d'être suivi quant à présent par le Parlement, et peut-être par l'opinion, dans une voie aussi neuve. Il juge plus prudent d'expérimenter d'abord la conciliation et l'arbitrage dans les services publics, et notamment dans les chemins de fer, sauf à généraliser plus tard l'expérience. C'est en ce sens qu'il a rapporté naguère — en les critiquant — le projet élaboré par M. Briand au lendemain de la grève des cheminots. (1)

Je n'ai pas la fétichisme de la majorité, et je ne tiens pas plus au projet de M. Millerand qu'à tout autre procédé d'organisation du droit de grève. Ce que je demande, c'est qu'on sorte des incohérences où nous a menés l'erreur individualiste ; c'est que la loi française s'achemine enfin vers l'édification d'un « droit social », et que désormais elle se préoccupe moins de servir les conceptions rectilignes des sociologues en cabinet, que de répondre aux exigences véritables de la situation économique.

(1) M. Th. Reinach a également déposé en 1910 une proposition de loi sur l'arbitrage dans les entreprises ayant le caractère de service public.

Un projet à repousser

A la suite de la grève des cheminots, M. Briand déposa un projet de loi sur le règlement des conflits collectifs de travail dans les Compagnies de chemins de fer. M. Millerand est, lui aussi, l'auteur d'une proposition sur ce sujet.

Or le texte de M. Briand ne concorde pas avec le texte de M. Millerand.

On en a conclu que c'est cette opposition qui aurait empêché M. Millerand de continuer son concours à M. Briand dans la formation de son second cabinet, constitué — on s'en souvient — au lendemain même de la grève.

Les critiques formulées récemment au nom de la commission de la Chambre, par l'ancien ministre des travaux publics contre le projet du ministère, ont prouvé que ce bruit n'était pas entièrement dénué de fondement.

La principale critique a trait à la grève des chemins de fer.

Les deux anciens collaborateurs sont d'accord pour la réprouver.

Mais est-il opportun d'en prononcer l'interdiction dans la loi et d'édicter des peines contre les grévistes ou contre les instigateurs de la grève ? Ne suffit-il pas de la rendre pratiquement impossible par l'établissement d'un tribunal arbitral pourvu d'une si haute autorité morale que l'opinion publique ne souffrirait pas qu'on s'insurgeât contre ses jugements ?

M. Briand soutient la première opinion ; M. Millerand est partisan de la seconde.

Nous ne nous prononcerons pas dans ce débat. (1) Nous préférons étudier l'organisation même de l'arbitrage, telle qu'on propose au Parlement de l'instituer. Dans l'esprit de M. Briand aussi bien que dans celui de M. Millerand, le statut des cheminots doit être le champ d'expériences des moyens pacifiques de solution des conflits collectifs de travail. Le problème excède, dès lors, les termes dans lesquels il est posé présentement. (2) C'est toute la question

(1) C'est toute la question de la réorganisation des services publics qu'il faudrait discuter. Elle excède les limites de cet ouvrage.

(2) C'est exclusivement à ce titre et dans cette

de la règlementation du droit de grève qui est en jeu.

Disons tout de suite qu'elle est résolue par le projet ministériel selon des vues auxquelles il nous est impossible de nous associer.

Il comporte (1) :

1°) Des *comités locaux de conciliation* à raison d'un par service dans chacune des circonscriptions entre lesquelles sera partagé le réseau. Les agents de chaque circonscription et de chaque service y éliront leurs délégués. La Compagnie sera représentée par ses administrateurs;

2°) un *comité central de conciliation* pour chaque réseau. Il tentera d'arranger les conflits qui n'auront pas été résolus par les comités locaux. Les administrateurs y représenteront la Compagnie comme dans les comités locaux. Le personnel sera représenté par deux délégués élus, non par l'ensemble des agents du réseau, mais seulement par ceux qui appartiennent au service intéressé;

mesure que le statut des cheminots trouve place dans cet ouvrage. Car les cheminots sont attachés au service public et non travailleurs de l'industrie privée (voir *l'avertissement*).

(1) Outre des conférences périodiques devant permettre aux délégués élus dans chaque service de discuter avec les délégués des compagnies leurs intérêts professionnels.

3°) un *tribunal arbitral* qui jugera les affaires qui n'auront pu être conciliées, et dont les sentences seront obligatoires. Il se composera de deux arbitres désignés par l'administration de la Compagnie et de deux arbitres désignés par les délégués des agents au conseil central de conciliation. Un ou trois arbitres complémentaires seront choisis par les quatre premiers, ou, à défaut d'accord, élus par eux sur une liste composée de sénateurs, de députés, de magistrats et de hauts fonctionnaires.

Ce qui frappe tout d'abord dans la composition de ces divers collèges, c'est que le personnel n'y est pas traité de la même façon que la Compagnie. En effet, les Compagnies interviennent dans la personne de mandataires investis de la confiance du corps *entier* des actionnaires : les administrateurs élus par l'assemblée générale dans les comités de conciliation, les arbitres nommés par ces administrateurs dans le tribunal d'arbitrage. Au contraire, nulle part, la collectivité du personnel du réseau n'est représentée : dans les comités locaux, c'est seulement le personnel d'*une* circonscription et d'*un* service de *cette* circonscription; dans le comité central, et dans le tribunal arbitral, le personnel d'*un* service du réseau.

La situation n'est pas égale. Pourquoi cette différence ? Quelle est l'« idée de derrière la tête » de M. Briand ?

Il n'est guère possible de s'y tromper : il s'agit de briser tout effort collectif des travailleurs de la voie ferrée; il s'agit d'une restriction du droit syndical.

On comprend qu'une telle entreprise soit impopulaire dans les milieux ouvriers. Il convient d'observer qu'elle est même périlleuse pour l'« Ordre » qu'elle vise sans doute à protéger : car en transférant à de petits groupements professionnels organisés par services et par circonscriptions l'emploi des moyens pacifiques de défense des intérêts des cheminots, on ne laisse plus au syndicat d'autre activité à dépenser que la préparation de la grève. Or le projet punit la grève des cheminots ; pourquoi donc ne leur retire-t-il pas franchement le droit syndical et le bénéfice de la loi de 1884 ?

N'oublions pas que cette réglementation est le prototype d'une organisation générale de l'arbitrage dans l'industrie privée. C'est le syndicalisme dans les chemins de fer qui est seul directement en cause aujourd'hui. Mais c'est, au fond, un débat bien plus large qui s'agite.

Certes, M. Briand se défend d'en vouloir aux syndicats. Il explique que le syndicat demeurera le groupement inspirateur où les délégués ouvriers aux commissions de conciliation et d'arbitrage viendront, sinon prendre leur mot d'ordre, du moins éclairer leur conduite.

Soit! mais pourquoi ne pas y aller plus carrément, et se refuser à associer le syndicat lui-même, officiellement, aux opérations de l'arbitrage? Et quelle sera la liberté de ces délégués que le syndicat aura investis, en fait, d'un mandat impératif d'autant plus dangereux qu'il demeurera secret ?

Que le syndicat, dès l'instant qu'on le tolère, prenne donc franchement ses responsabilités : et qu'au lieu de tirer dans les coulisses les ficelles de délégués marionnettes, il vienne lui-même discuter avec les représentants des Compagnies, des intérêts professionnels dont la loi de 1884 l'a constitué le gardien ! Ou bien qu'on interdise franchement les syndicats de cheminots ! (1)

(1) L'organisation de la conciliation et de l'arbitrage par les syndicats est instituée par deux lois danoises du 12 avril 1910. C'est dans le même sens que nous souhaiterions de voir organiser l'arbitrage en France dans les professions qui disposent du droit syndical. Il est vrai que la situation n'est pas la même là-bas que chez nous. Au Danemark, il est possible d'écrire dans un texte législatif que l'*Arbejdsgiverog Meistervorening* (associations des patrons et des maîtres des métiers) et la *Samvirkende Fagforband* (confédération générale des syndicats ouvriers) représentent « la grande majorité des patrons ou ouvriers syndiqués du pays s'occupant d'industrie, de métiers, de transport et de travaux de terrassement ».

IV

Syndicalisme démocratique

———

La représentation professionnelle

Les cheminots d'Angleterre ont vendu la peau de l'ours avant de l'avoir tué.

Vous vous souvenez de la grève qu'à l'exemple de leurs camarades français, ils déclarèrent l'autre été. Elle se termina par une convention d'arbitrage. Mais avant même que les arbitres eussent rendu leur sentence, les grévistes embouchaient la trompette de la victoire. Ils se flattaient d'avoir obtenu dans le contrat d'arbitrage lui-même, la reconnaissance implicite — oh ! très implicite — de leur syndicat.

— *Nous avons remporté*, s'écriait un de leurs leader, *la plus grande victoire que le monde industriel ait jamais connue.*

Ce débordement d'enthousiasme nous semblait au moins prématuré.

— *S'ils ne s'exagèrent pas la signification*

des conventions intervenues, écrivions-nous
alors, *ils (les cheminots) ont raison de crier
victoire...*

Aujourd'hui, il faut déchanter. L'arbitrage
est terminé. Le syndicat n'est pas reconnu. Les
cheminots sont dans la stupeur. Ils menacent
de recommencer la grève..

Ce n'est pas parce que nous avons pressenti
cette mésaventure, que nous nous proposons
d'en triompher. Nous sommes au contraire de
ceux qui souhaitent la plus large extension
de la capacité des syndicats dans le sens même
où les grévistes s'étaient imaginé l'avoir conquise. (1)

Le lecteur nous permettra d'examiner la
question du point de vue français. Il ne diffère
pas d'ailleurs sensiblement du point de vue
anglais.

La loi de 1884 a fait du syndicat une association privée, régie en principe par le droit
commun des contrats. Ni en droit, ni en fait,
le syndicat ne s'impose aux patrons ni aux ouvriers. Les uns et les autres ont toute liberté,
et de ne pas y entrer et de refuser de traiter
avec lui. Le patron ne connaît que son ouvrier,
et l'ouvrier ne connaît que son patron : voilà

---

(1) Indépendamment du projet de l'abbé Lemire dont il sera question ci-dessous, M. Vaillant et M. Guesde ont dernièrement présenté des
propositions à ce sujet.

la loi. Libre à chacun d'eux d'aller puiser conseil et inspiration auprès de son syndicat. Le syndicat, lui, n'a aucune qualité pour intervenir, soit dans le débat du contrat de travail, soit dans les discussions soulevées par son application.

Il est une formule de la loi de 1884 qui exprime d'une façon très remarquable cette limitation du rôle du syndicat : le syndicat n'est pas un organe de « représentation » professionnelle, mais seulement un organe d'« étude » et de « défense » des intérêts professionnels. La nuance est frappante.

A l'encontre des idées qui ont inspiré la loi e 1884, nous rêvons de voir le syndicat investi de la représentation professionnelle de a façon la plus complète. Comment et en quel sens, c'est ce que nous nous proposons d'exposer.

Nous ne souhaitons pas, disons-le tout de suite, que le syndicat devienne légalement obligatoire. Tout travailleur doit demeurer libre de se syndiquer ou de ne pas se syndiquer, — de même que chaque citoyen doit demeurer libre de voter ou de ne pas voter.

Mais, — de même que la Chambre des déutés représente la masse des électeurs, ceux qui ont usé du droit de vote comme ceux qui l'ont négligé, — de même, nous concevons que e syndicat représente la foule des travailleurs d'une profession, syndiqués ou non syndiqués.(1)

Ce rapprochement suffit à élever le syndicat au-dessus des simples associations privées, dont le mandat est nécessairement limité aux intérêts de leurs adhérents, pour en faire un rouage « représentatif » dans le sens même où l'on prend ce mot en matière politique, — dans le sens où l'on dit que le député représente la France, bien qu'il ne soit l'élu que de la majorité des votants de l'une des cinq cents et quelques circonscriptions électorales du pays. Le syndicat doit devenir une pièce de l'organisation officielle de la démocratie nationale.

Il y a loin, manifestement, du syndicat, ainsi compris, à l'opinion que s'en faisait Waldeck-Rousseau.

On pourrait plutôt rapprocher la nôtre de celle qui est en honneur à la C.G.T. ; on sait l'ambition affichée par les anarchistes qui sont à sa tête de parler au nom du prolétariat tout entier, sous le prétexte qu'ils sont la « minorité agissante ».

Seulement, voici où nous cessons d'être d'accord.

(1) Nous faisons remarquer que par là n'est pas résolue la question de l'unité obligatoire ou de la multiplicité possible de syndicats par profession. La dualité de syndicats par exemple, impliquerait tout simplement le partage de la représentation professionnelle, suivant les forces respectives des deux groupements.

La fonction économique du syndicat, croyons-nous, n'est que la première partie de son rôle. Qu'il négocie les conventions collectives de travail pour le compte de la profession tout entière ; qu'il contrôle en son nom l'application des lois sur l'hygiène et la sécurité des ateliers ; que même il soit l'attributaire des « actions de travail » stipulées par la loi au profit des ouvriers et employés de toute société commerciale, d'après un projet que nous examinerons : cette fonction économique, si large qu'elle soit déjà, ne peut, suivant nous, absorber toute l'activité syndicale.

C'est que la vie économique, pour ne pas se confondre avec la vie politique, n'en est pourtant pas séparée jusqu'à l'indépendance et a l'indifférence.

Les syndicats ont commencé par pratiquer la confusion : ce fut le triomphe des politiciens socialistes. Les anarchistes les ont précipités dans l'excès opposé : ils ont prêché le boycottage du parlementarisme et des élections. La vérité est entre les deux extrêmes.

Leur conciliation ? — Nous la voyons dans la substitution au Sénat actuel — créé par la Constitution de 75 dans le seul but de renverser un jour la République — d'un Sénat qui représenterait l'ensemble des forces collectives organisées du pays, comme la Chambre des députés en représente les forces individuelles. Le syndicat serait précisément l'une des unités du nouveau corps électoral.

La représentation professionnelle étant étendue, suivant les adaptations convenables, à l'ensemble des professions commerciales, industrielles et libérales du pays, le syndicat participerait, — avec toutes sortes d'associations qui représentent quelque force morale ou matérielle organisée (églises, associations de fonctionnaires, sociétés littéraires, artistiques, mutualités, coopératives, etc.) , et suivant une répartition de sièges a établir, — à la constitution d'une Chambre haute, dont l'utilité serait à coup sûr, beaucoup moins problématique que celle du Sénat moderne.

En d'autres termes, de même qu'à présent le conseil municipal joint à la gestion des affaires de la commune une collaboration au soin des affaires de l'Etat, — de même le syndicat unirait au souci des affaires professionnelles, sa contribution à la charge des intérêts généraux de la nation.

Au reste, il n'y va pas seulement de l'intérêt des syndicats et des syndiqués, mais de l'intérêt général. L'intérêt général est engagé à ce que toutes les énergies nationales soient associées au gouvernement des affaires publiques. Or, il y a d'autres forces nationales que les forces individuelles : il y a des forces collectives que notre régime politique et notre régime social sont également coupables de méconnaître.

... Voici précisément que M. l'abbé Lemire vient de présenter une proposition de loi tendant à la réforme de la législation syndicale dans le sens de l'organisation d'une véritable représentation professionnelle.

L'initiative vient à son heure.

Il souffle aujourd'hui un vent de réaction contre la liberté syndicale. Les uns veulent la comprimer. D'autres songent à faire dévier l'activité syndicale dans l' mbourgeoisement commercial. Ils veulent étendre la capacité des syndicats, non par sympathie pour le mouvement syndical, mais par peur de lui.

L'abbé Lemire est partisan, lui aussi, de l'accroissement de la capacité syndicale : mais dans le sens de son orientation propre et non pas au rebours.

C'est pourquoi il ne veul pas du syndicat commerçant.

Nous croyons qu'il a raison

Une nouvelle attribution syndicale

Nul n'ignore les difficultés auxquelles se heurte l'inspection du travail pour assurer le respect de la législation ouvrière. Indépendamment des manœuvres organisées par des industriels peu consciencieux pour échapper à la loi et déjouer le contrôle, le nombre infime des inspecteurs et inspectrices suffirait à rendre leur surveillance à peu près illusoire : ils sont cent quarante deux; et ils ont quelque six cent milliers d'établissements à visiter ! (1)

Faut-il réclamer la création de nouveaux fonctionnaires ?... Horreur !

Il y a une solution moins coûteuse, une so-

(1) Dernièrement le ministre du travail a déposé un projet de loi créant des « inspecteurs-adjoints » qui seraient élus par les ouvriers électeurs aux conseils de prud'hommes. C'est un pas dans une voie parallèle à celle qui a été ouverte par M. Millerand, et dont il est question ci-dessous.

lution tout à fait économique. C'est M. Millerand qui l'a tentée au temps où il était ministre du commerce. Par une circulaire du 19 janvier 1900, il instituait la collaboration des ouvriers organisés à l'inspection du travail.

Initiative marquée au coin d'un esprit démocratique, n'est-il pas vrai, que le partage d'une fonction d'Etat — la police du travail - entre un corps d'agents du service public et les libres associations établies entre les citoyens intéressés.

C'était l'expression d'une tendance extrêmement neuve dans notre législation tout imbue des principes autoritaires que nous a légués le premier Empire. Un éminent maître de la Faculté de droit de Paris, M. Larnaude, l'écrivait très judicieusement :

Vraiment, on s'est fait jusqu'à ces dernières années en France, de l'association, du groupe, une idée singulière. Parcourez la plupart des dissertations juridiques écrites sur l'association, sur les personnes morales : on ne les envisage que sous le point de vue du droit privé. On ne parle que de leur droit d'être propriétaires ou créanciers, en redoutant d'ailleurs, surtout pour une certaine catégorie de biens, l'extension de leur patrimoine. Cette idée que je crois absolument fausse me paraît venir de ce que la doctrine prend toujours comme point de départ l'individualisme simpliste qui est d'ailleurs à la base de notre droit. On assimile l'association à l'individu, sans vouloir lui en donner d'ailleurs tous les droits, mais surtout sans songer que l'association peut avoir et exercer des droits qui n'appartiennent pas à l'individu. C'est là qu'est l'erreur; l'association, j'entends l'association sans but lucratif, est autre chose que la simple juxtaposition des droits qui peuvent appartenir aux individus qui la composent, de même que l'Etat a des droits et des obligations autres que ceux qui appartiennent aux individus qui le forment Ce n'est pas de l'individu qu'il faut rapprocher l'association, mais bien plutôt l'Etat avec lequel elle offre de frappantes similitudes. Ce n'est pas seulement sur le terrain du droit privé qu'il faut transporter l'association, mais bien sur le terrain du droit public, et c'est là qu'il ne faut pas craindre d'envisager le rôle considérable qu'elle peut être appelée à jouer...

C'est donc un petit coup d'Etat que M. Millerand tentait de faire dans la science juridique.

En tant qu'il engageait les inspecteurs du travail à accueillir les dénonciations faites par les syndicats, à les instruire, et à poursuivre, le cas échéant, les infractions qui leur avaient été signalées, la circulaire de 1900 ne souffrait pas de difficultés. Mais s'agissait-il d'autoriser les syndicats à exercer eux-mêmes les poursuites devant les tribunaux, tout autre était la question : si ce pouvoir ne leur avait pas été conféré par la loi, foin de toutes les instructions ministérielles ! la loi est la loi ; elle ne peut être abrogée par une circulaire.

On discuta avec ardeur sur le droit de poursuite des syndicats : aussi bien en matière de contravention à la police du travail qu'en matière de violation des conventions collectives de travail. La tendance autoritaire et la tendance démocratique se heurtèrent violemment; et — en bons juristes — les partisans de l'une et de l'autre se réclamèrent avec une égale conviction du texte et de l'esprit de la loi de 1884.

Une école enseigne que les textes législatifs sont doués d'une vie propre, en ce sens que leur immobilité apparente est animée par les courants d'idées successifs qui entraînent l'esprit public. C'est ainsi que s'expliquent peut-être les revirements de la jurisprudence des tribunaux.

Quelqu'ait été le dessein des législateurs de 1884, c'est actuellement le courant démocratique qui prévaut enfin dans l'interprétation donnée par la jurisprudence au statut légal des syndicats professionnels, du moins en ce qui touche leur participation à l'inspection du travail.

Par arrêt du 5 mars 1910, la Cour de Cassation a consacré le droit de poursuite des syndicats. Et par arrêt du 22 octobre 1911, la Cour de Paris a statué dans le même sens.

Seulement — nous venons de le dire — la

jurisprudence est changeante. Et, en dépit des belles doctrines des juristes sur l'évolution du droit dans les cadres même immobiles de la législation existante, un bon arrêt de la Cour de Cassation ne vaudra jamais une bonne loi officiellement votée et authentiquement promulguée.

C'est dans cette persuasion que le 9 mars 1909, sur le rapport de M. Henri Lorin et sous la présidence de M. Millerand — l'auteur de la fameuse circulaire — l'*Association française pour la protection légale des travailleurs* a émis le vœu :

Que la loi déclare expressément, pour éviter toute hésitation de la jurisprudence, les syndicats recevables à poursuivre en justice les infractions aux lois sur les conditions du travail commises dans leur profession.

Par l'effet de cette innovation légale et de toutes celles qui contribueront à l'établissment d'une représentation professionnelle véritable, le syndicat cessera de faire, aux yeux d'une foule de braves gens, figure d'instrument de dislocation sociale et d'anarchie. Il se présentera devant l'opinion comme une garantie de régularité, de stabilité et de légalité dans les relations du capital et du travail.

Dans ce droit nouveau, les nécessités respectives de l'ordre et du progrès trouveront leur compte et réaliseront leur harmonie. Les libertaires seuls pourront s'en plaindre.

V

Vers la Réglementation des Heures de Travail

———

La journée de dix heures

La journée de huit heures était, il y a quelques années, la grande revendication prolétarienne. Tous les congrès ouvriers, tous les meetings, toutes les manifestations, tous les cortèges du premier mai visaient la conquête des « Trois-Huit » : huit heures pour le travail, huit heures pour le repos, huit heures pour le sommeil.

Le prolétariat anglais avait même découvert un quatrième Huit : non pas qu'il eût trouvé le moyen de retarder la rotation de la terre et de porter la durée du jour à trente-deux heures ; le quatrième Huit n'était pas une mesure de temps, mais une mesure de salaire : huit shillings par jour.

Des « Quatre-Huit » il avait composé une chanson :

Eight hours to work, eight hours to play,
Eight hours to sleep, eight shillings a day !

La législation d'aucun pays n'a d'ailleurs consacré ni les « Trois-Huit », ni les « Quatre-Huit ».

En France, voici où nous en sommes :

Dans l'industrie, la journée de travail est réduite à dix heures par la loi du 30 mars 1900 dans les usines, manufactures, chantiers et ateliers (notez cette énumération très compréhensive) où sont employés simultanément des ouvriers adultes et des femmes ou des enfants au-dessous de dix-huit ans. C'est le cas de quelque 160.000 établissements, lesquels occupent plus d'un million d'adultes.

Les ouvriers adultes qui travaillent sans femmes ni enfants dans les usines et manufactures (notez cette énumération très limitative) sont placés sous le régime du décret du 9 septembre 1848 qui limite la journée de travail à douze heures ; il n'existe que 30 à 40.000 établissements de ce genre.

Quant aux ouvriers adultes qui travaillent seuls dans les chantiers et ateliers, la loi n'a fixé pour eux aucune limitation de la journée de travail ; rien ne s'oppose à ce qu'ils travaillent vingt-quatre heures sur vingt-quatre. Je n'entrerai pas dans la distinction souvent fort subtile des usines et manufactures soumis à la loi de 48 et des ateliers et chantiers soustraits à cette loi ; je vous dirai simplement que l'inspection du travail évalue à 150.000 le nombre des établissements de cette dernière catégorie.

J'en aurai fini avec l'industrie, quand j'aurai rappelé que certaines professions sont plus étroitement protégées. Les mécaniciens et chauffeurs de chemins de fer bénéficient d'une réglementation spéciale. Les mineurs ont conquis la journée de huit heures en 1905.

Dans le commerce, aucune loi ne s'oppose à ce que la journée de travail se prolonge de minuit à minuit. La durée du travail n'a d'autres limites que celles que tolèrent les caprices de la clientèle et les exigences de la concurrence.

Notez qu'on est parvenu à faire entrer dans la catégorie du commerce des entreprises comme la boulangerie et la pâtisserie, sous prétexte que la matière première n'y subit pas une transformation assez profonde pour mériter au travail des geindres et des mitrons l'honneur d'être compté parmi les travaux industriels et la faveur d'être protégé comme eux. C'est le Conseil d'Etat qui a trouvé cela.

Nous avons dit bien souvent ce qu'est le travail de la boulangerie. Eh bien! dans la boulangerie, on est libre de travailler vingt-quatre heures, libre d'employer des femmes, des enfants et des fillettes de treize ans, — je ne dis pas au comptoir ou au portage, mais au pétrin, dans le fournil!... On n'use guère de la permission dans la boulangerie. Mais on en use et abuse dans la pâtisserie!

J'ai fréquenté jadis à Paris l'*Œuvre des Marmitons*. Elle tenait ses assises dans une salle obligeamment prêtée par l'Institut catholique. Si elle fonctionne toujours, je la recommande à votre pitié. Rendez-vous à ses réunions : ils vous ouvriront leur cœur, les malheureux petits campagnards que vous croisez dans les rues tout frais habillés de blanc, la tête chargée de leur lourd panier de friandises ; ils vous diront les brutalités du chef et les exigences d'une clientèle sans cœur, les longues courses sur les trottoirs et les interminables ascensions d'escaliers de service, les colères d'un patron bourru et les bousculades des maîtres d'hôtel majestueux, les dortoirs sordides où ils couchent souvent deux à deux et les repas qu'il faut prendre à la galopée entre deux tournées. Faites leur raconter la semaine de Noël au Nouvel-An dans une pâtisserie parisienne ; le rouge vous montera au front, de dégout de votre indifférence... Que voulez-vous : ce ne sont pas des ouvriers, ce sont des employés ; c'est le Conseil d'Etat qui l'a dit...

Eh bien ! il faut réduire la journée de travail pour les uns et pour les autres.

On dit que cette réduction fera baisser les salaires. N'en croyez rien : c'est dans les pays où sont pratiquées les plus courtes journées que les salaires sont le plus élevés : en Australie, en Angleterre, aux Etats-Unis. C'est ennuyeux pour la logique des sociologues en chambre ; mais c'est comme cela.

On dit que c'est contraire à la liberté de travailler. Mais c'est conforme à la liberté de ne pas se tuer. L'une vaut bien l'autre.

L'idée est en bonne voie, du reste, puisque la Chambre vient de voter, sur le rapport de M. Justin Godart, la «loi de dix heures», qui n'attend plus désormais que la ratification du Sénat.

L'article premier porte ce principe général :

Dans les manufactures, fabriques, usines, ateliers et chantiers, dans les mines, minières et carrières pour lesquelles la durée du travail n'est pas réglée par des lois spéciales, dans les entreprises de chargement et de déchargement, ainsi que dans les dépendances de tous ces établissements, de quelque nature qu'ils soient, publics ou privés, laïques ou religieux, même lorsqu'ils ont un caractère d'enseignement professionnel ou de bienfaisance, le travail effectif des ouvriers adultes ne peut dépasser dix heures par jour.

C'est la généralisation d'une règle édictée dès 1900 (loi Colliard-Millerand) pour les ateliers employant à la fois des ouvriers adultes et des femmes ou des mineurs.

La loi de 1900 ne se proposait de limiter la journée de travail que pour ces derniers. Afin de rendre le contrôle possible, elle interdisait tout travail d'une durée supérieure à dix heures partout où ceux-ci étaient occupés, même pour les adultes employés avec eux. Ce fut un *tolle* dans l'industrie. On prétendit que la loi allait se retourner contre les femmes et les mineurs et les faire chasser des ateliers et des usines, afin de garder la faculté de travailler douze heures. C'est en effet ce qui se produisit. Femmes et enfants furent expulsés en masse. Mais ce n'était qu'un geste de mauvaise humeur des industriels récalcitrants. Les rapports de l'inspection du travail nous apprennent que les femmes et les mineurs furent peu à peu rappelés, et qu'en définitive l'industrie française s'accommoda du nouveau régime.

Les économistes qui défendaient alors les femmes et les enfants devraient être ravis de la nouvelle mesure qui vient d'être votée par la Chambre. La loi Colliard-Millerand était une cote mal taillée : une réforme trop hardie ou trop timide; le législateur s'était arrêté à mi-chemin. Il achève à présent sa route... La conversion des adversaires de la loi de 1900 au dernier projet adopté par la Chambre donnera la mesure de sincérité de l'argument qu'ils plaidaient il y a douze ans.

A la limitation de la journée de travail à dix heures, le projet ajoute l'obligation de couper par un ou plusieurs repos d'une heure et demie au total toute journée de travail qui dépasse huit heures.

Puis il passe aux dérogations.

Les dérogations ! que de lois sociales ont été énervées par l'abus et l'exploitation des dérogations ! loi sur le repos hebdomadaire, loi portant l'interdiction du travail de nuit pour les enfants !...

La «loi de dix heures» souffrira deux sortes de dérogations : des dérogations transitoires et des dérogations définitives.

Dérogations transitoires. — 1° Pendant deux ans la journée de travail pourra être prolongée jusqu'à onze heures; et pendant les deux années suivantes pendant dix heures et demie. C'est donc seulement au bout de quatre ans que la limite sera portée définitivement à dix heures. (Cette dérogation ne concerne pas, bien entendu, les établissements déjà soumis à la limitation de dix heures par la loi de 1900 à raison de l'emploi de femmes et de mineurs).

2° Une seconde dérogation de deux ans est accordée aux industries qui occupent habituellement moins de vingt ouvriers si elle n'emploient pas de moteur mécanique, et moins de dix si elles emploient des moteurs mécaniques. Cette seconde dérogation en faveur de la petite industrie, diffère de la première qui est générale, en ce que, dans les établissements qu'elle concerne, la journée de travail pourra être maintenue à douze heures pendant les deux premières années.

3° Pendant quatre ans la même dérogation est accordée aux «établissements occupant en dehors du personnel protégé par la loi du 30 mars 1900 au plus dix ouvriers adultes».

DÉROGATIONS DÉFINITIVES. — 1° Il en est une très grave que l'article premier accorde... imp''citement. On remarquera que dans la liste des établissements énumérés par cet article, ne figurent pas les maisons de commerce.

Les employés de commerce ne bénéficieront pas de la journée de dix heures. Et vous vous souvenez de l'extension exorbitante que la jurisprudence a donné à ce mot. La boulangerie et la pâtisserie demeurent étrangères à la nouvelle réglementation. Ce sont des professions «commerciales»... Que le Parlement, se hâte donc de discuter le projet du comte de Mun !

2° Tous les établissements soumis à la loi de dix heures ont le droit de prolonger le travail jusqu'à douze heures pendant quatre-vingt dix jours par an.

3° Les établissements industriels qui n'occupent pas plus de cinq ouvriers adultes et n'emploient pas une force supérieure à trois chevaux sont complètement et définitivement dispensés de l'application de la loi de dix heures.

4° Enfin d'autres dérogations seront accordées par simple décret rendu en Conseil d'Etat:

a) pour les travaux à feu continu exécutés

normalement par équipes successives et pour les opérations à marche nécessairement continue;

b) pour les opérations qui, techniquement, no peuvent être arrêtés à volonté;

c) à raison de certains travaux préparatoires ou complémentaires;

d) dans les cas d'accident ou pour cause de force majeure.

C'est un déluge de dérogations !

Je vous laisse le soin d'apprécier, et le mérite du procédé législatif qui consiste à confier au gouvernement et au conseil d'Etat le soin d'octroyer des dérogations à la loi pour les causes désastreusement imprécises qu'elle énumère, — et les préoccupations électorales qui ont suggéré à la majorité des faveurs spéciales pour la petite industrie, au préjudice, non seulement de la grande, mais de la moyenne.

Le tout n'est pas de voter des lois. Il faut les faire respecter. Plus elles sont complexes, et plus il est facile de tricher en s'assurant l'impunité ; comme les dérogations compliquent la tâche de l'inspection du travail !

Or, vous n'ignorez pas la scandaleuse insuffisance de l'inspection du travail en France. Il n'existe pas une moyenne de deux inspecteurs ou inspectrices par département. Comment voulez-vous qu'ils suffisent à la tâche ? Et comment la plupart des infractions ne resteraient-elles pas ignorées ?... Il faut bien de la malchance pour être pincé...

Réclamons donc une fois de plus, à l'occasion du vote de la loi de dix heures, l'urgent et nécessaire renforcement de notre inspection du travail, non par la multiplication de nouveaux fonctionnaires mais par la collaboration des syndicats professionnels qui, habilités par la loi au contrôle et à la police du travail, à la constatation officielle et à la poursuite judiciaire des infractions, trouveraient, dans l'exercice de ce mandat légal, l'un des meilleurs emplois de leur activité.

Le travail de nuit

La loi du 4 novembre 1892 l'interdit aux femmes et aux enfants... sous réserve de dérogations. (1)

Voici quel était à ce sujet l'état de la législation jusqu'à ces derniers temps.

Elle comportait des dérogations *temporaires* et des dérogations *permanentes* :

Les premières étaient au nombre de trois :

A) Le décret du 15 juillet 1893 rendu en exécution de la loi de 1892 autorisait les « industries saisonnières » à prolonger le travail des femmes majeures (et non des enfants)

(1) Légalement, on entend par enfants les travailleurs de moins de dix-huit ans, et par travail de nuit celui qui est accompli entre neuf heures du soir et cinq heures du matin.

jusqu'à onze heures du soir durant soixante jours par an, et sous la double condition qu'une permission spéciale fût demandée chaque fois à l'inspecteur du travail, et que, — la veillée comprise — la journée de travail n'excédât pas douze heures.

La liste des industries saisonnières autorisées à la « veillée » a été réduite à deux catégories d'établissements par le décret du 17 février 1910 : la confection des chapeaux de grand deuil et la confection des vêtements de grand deuil pour femmes et enfants.

B) La faculté de faire travailler durant toute la nuit (et non seulement jusqu'à onze heures du soir) les femmes et les enfants et non plus seulement les femmes majeures) était accordée durant quatre-vingt dix jours par an (au lieu de soixante) aux industries qui comportent la manutention de matières susceptibles de prompt dépérissement : conserves de poisson, de fruits, de légumes, de pâtisseries, de pâtes alimentaires.

Plus large que la précédente sous le triple rapport que nous avons souligné, la seconde dérogation était plus étroite que la première, en ce qu'elle ne comportait pas d'exception à la règle de la limitation de la durée du travail à dix heures.

C) Enfin l'inspecteur du travail avait qualité pour autoriser toutes autres dérogations motivées par un accident ou un cas de force majeure.

Les dérogations permanentes étaient au nombre de deux :

A) La loi de 1892 laissait à un décret ultérieur le soin de déterminer certaines industries, où, moyennant la réduction de la durée de leur travail quotidien à sept heures, les femmes (1) seraient autorisées à travailler la nuit en tout temps. Le décret du 15 juillet 1893 accorda cette permission à quatre sortes d'établissements : coulage et séchage de l'amidon de maïs, brochage des imprimés, pliage des journaux, allumage des lampes de mines.

B) Le travail de nuit était permis aux femmes et aux enfants dans les « usines à feu continu ». D'après le décret de 1893 ces industries sont au nombre de huit : distilleries de betteraves, fabriques d'objet en fer et en tôle émaillée, usines d'extraction des huiles, papeteries, fabriques et raffineries de sucre, usines métallurgiques, verreries.

La liste des travaux tolérés pour les femmes et les enfants dans cette catégorie d'établissements a été réduite par le décret du 8 octobre

---

(1) En réalité, la loi prévoyait une semblable dérogation pour les enfants. Mais le décret de 1893 ne l'accorda que pour les femmes. La légalité de cette restriction est douteuse.

1911 en ce qui concerne les verreries, et pour les enfants seulement.

Cette liste de dérogations n'était-elle pas trop étendue ?

Il est permis de le croire, lorsqu'on constate, d'après les rapports de l'inspection du travail, que certaines industries privilégiées n'ont guère usé de la faveur accordée par la loi (le brochage des imprimés par exemple), que d'autres n'en ont jamais usé du tout (l'amidon) et que certains établissements même, après en avoir usé y ont renoncé.

La réglementation qui vient d'être décrite a dû être remise sur le chantier par suite de la ratification donnée par le Parlement français à la convention internationale de Berne sur l'interdiction du travail de nuit pour les femmes.

Cette convention oblige les Etats participants à modifier leurs législations intérieures afin de les mettre en harmonie avec les stipulations intervenues.

Or, sur plusieurs points, notre loi de 1892 et les décrets qui l'ont complétée étaient en avance sur la convention de Berne.

Excellente raison, songea la commission du Sénat saisie du projet de réforme de la loi de 1892 déjà voté par la Chambre, pour faire machine en arrière, et revenir, autant que le permettent nos engagements internationnaux, aux vrais principes, à la saine doctrine, à l'orthodoxie économique,... à la «liberté du travail ».

M. Touron fut délégué par la commission pour dire aux interventionnistes leur fait.

M. Touron est le type du libéral impénitent. Tout ce qu'il a vu dans la convention de Berne c'est la possibilité d'ouvrir une porte encore plus large aux dérogations... Vive la convention de Berne !

Mieux encore, M. Touron a puisé dans la convention de Berne de décisifs arguments en faveur des Grands Principes. Ne consacre-t-elle pas « la reconnaissance par les Gouvernements européens et en particulier par le Gouvernement français, de cette vérité : qu'un peuple ne saurait sans danger pour la prospérité de sa production industrielle restreindre chez lui la durée du travail, avant de s'être assuré de l'application des mêmes mesures restrictives chez tous ses rivaux économiques » ?

. Oserai-je dire que je ne suis pas convaincu, et que c'est dans le rapport de M. Touron lui-même que je trouve des raisons de douter?

Non pas, continue-t-il, que ces conférences internationales n'offrent que des avantages; elles nous paraissent au contraire comporter bien des dangers.

Sans doute, elles ont le mérite de ne pas compromettre sans aucune compensation la production d'une nation au profit de ses concurrentes sur le marché mondial, mais elles ne sauraient avoir la prétention d'égaliser les forces.

La durée du travail n'est pas le seul élement du prix de revient d'un produit quelconque; les prix de la matière première, de la houille, des machines, des transports, etc... entrent dans la constitution de ce prix de revient. Tel peuple payant le charbon plus cher ou restant tributaire d'une nation voisine pour l'achat de ses machines, peut n'avoir, comme moyen de compenser cette infériorité, que celui d'augmenter la durée de la journée de travail.

— Mais alors, tel peuple, payant moins cher le charbon, les matières premières, pourrait donc prendre séparément l'initiative d'une réduction de la journée de travail sans attendre que ses voisins commencent et sans mettre en péril sa production.

Et puis, les économistes enseignent une loi dite de la *division du travail;* ils enseignent qu'il est de bonne ordonnance sociale que chaque catégorie d'industrie se développe « au bon endroit », et que chaque région se spécialise dans les genres de production auxquels elle est le mieux appropriée.

L'économie politique légitime-t-elle donc le maintien de certaines entreprises dans des conditions locales défavorables au prix d'une excessive prolongation de la durée du travail?

...Descendons, voulez-vous? de ces hauteurs. Et revenons au travail de nuit.

Le Parlement a prononcé : et il n'a pas donné raison à M. Touron. Tant mieux. La loi du 22 décembre 1911, complétée par le décret du 27 décembre, a amélioré la législation antérieure, conformément à la convention de Berne; et elle n'est pas revenue sur les conquêtes de l'interventionnisme.

La loi de 1892 ne fixait pas la durée du repos de nuit, ou ne la fixait que d'une manière indirecte : elle interdisait de faire travailler les femmes et les enfants de moins de dix-huit ans, soit avant cinq heures du matin, soit après neuf heures du soir : cela revenait à imposer un repos de nuit de huit heures au moins. Bien entendu ce repos de nuit devait être complété par un repos de jour tel que la journée de travail n'excédât pas dix heures sur vingt-quatre. En d'autres termes, l'employeur pouvait fixer l'entrée à 5 heures du matin et la sortie à 9 heures du soir, pourvu que, dans le cours de la journée, fût réservé un repos de six heures.

Telle est encore la législation pour les enfants de sexe masculin. Pour les femmes et les filles, la durée du repos de nuit ne peut plus être de moins de onze heures. Pourtant elle peut être réduite à dix heures dans les mêmes hypothèses où les femmes sont autorisées, à titre de dérogation, à travailler plus de dix heures : l'une des deux heures de supplément autorisées ainsi qu'il a été dit ci-dessus, peut donc être prise sur le repos de nuit.

La législation des dérogations est remaniée dans un sens restrictif (1).

S'agit-il des dérogations temporaires, le délai extrême de la « veillée » permise dans les « industries saisonnières » est ramené de 11 heures à 10 heures du soir.

S'agit-il des dérogations permanentes, la première, qui ne regardait que les femmes majeures est radicalement supprimée. La seconde (usines à feu continu) n'est maintenue que pour les enfants du sexe masculin.

Pourquoi faut-il que la plus grave des dérogations concédées par la loi de 1892 ait été maintenue par la loi de 1911... par simple prétérition ? Il s'agit des employés de commerce. Les règles légales touchant l'interdiction ou la restriction du travail de nuit leur sont inapplicables, — comme du reste

(1) Une satisfaction est pourtant donnée à la commission du Sénat et à M. Touron. Pour les trois dérogations temporaires, *l'avis préalable* donné à l'inspecteur du travail tient lieu de *l'autorisation préalable* qu'il fallait lui demander. Mais, en ce qui touche la dérogation pour cause d'accident ou de force majeure, l'autorisation préalable devient de nouveau nécessaire soit lorsqu'il s'agit de travailler plus de quinze nuits par an, soit lorsque le nombre des nuits de travail doit excéder celui des journées perdues.

les lois sur la réduction des heures de travail,
et bien d'autres.

Nous nous sommes déjà élevé contre cette
différence de traitement. Nous ne tarderons
pas à nous expliquer plus longuement sur ce
sujet.

VI

Les Victimes du Travail

Les accidents forestiers

Le bûcheron abattait un *ancien* marqué au flanc

Il frappait obliquement. Le fer de la cognée s'enfonçait plus avant à chaque coup dans le pied palmé de l'arbre, faisait voler un copeau humide et blanc comme une tranche de pain, et se relevait pour retomber. Il luisait, limé et mouillé de sève par le bois vivant. Le corps de l'ouvrier suivait le mouvement de la hache. Tout l'arbre frémissait, même les radicelles dans le profond de la terre.

Une chemise, un pantalon usé, collé par la sueur, décalquaient le squelette de l'homme, les omoplates saillantes, les côtes, le bassin étroit, les longs fémurs à peine recouverts de muscles et pareils à des cotrets vêtus d'écorce mobile. L'ombre enveloppait les yeux clairs; l'orbite était creusé, blessure élargie par la souffrance du cœur.

Deux entailles dans la chair, deux coups de pouce
appuyés par un autre modeleur au bas des pom-
mettes, disaient : *Celui-ci, dans les jours de
moisson, dans les forêts en coupe, a lui même
fondu sa graisse et sculpté son corps.* Le maigre
cou disait : *La bise a raboté l'aubier et n'a
laissé que le bois dur.* Les mains, paquets de
veines, de tendons, de muscles secs, maladroites
pour les petits travaux et sûres pour les efforts
vigoureux, disaient : *Toute une vie de hardiesse
et d'endurance s'est exprimée par nous; nous té-
moignons qu'elle fut rude et qu'elle fit bonne
mesure aux labeurs commandés.*

...Pouvions-nous trouver une plus belle
introduction au projet de loi sur les accidents
forestiers, que cette émouvante page du *Blé
qui lève?*

Pourquoi les bûcherons ont été tenus jusqu'ici en dehors de la législation sur les accidents du travail; dans quelle mesure cette
législation va leur être appliquée : c'est ce
que nous nous proposons d'expliquer dans ce
chapitre.

La loi du 9 avril 1898 a entendu faire de la
réparation du risque professionnel une simple expérience, laissant à des lois ultérieures
le soin de l'élargir.

C'est ainsi qu'elle avait écarté de ses pré-
visions les professions commerciales, auxquelles elle ne fut étendue qu'en 1906.

Elle négligeait les professions agricoles :

une loi du 30 juin 1899 combla la lacune, mais partiellement : c'est seulement dans les entreprises où il est fait usage de moteurs inanimés que désormais la responsabilité des ouvriers incombe à l'exploitant.

La loi du 13 décembre 1912 vient d'appliquer la loi de 1898 aux délégués à la sécurité des ouvriers mineurs. (1)

Quant aux ouvriers de forêts, la jurisprudence les assimile aux ouvriers agricoles et leur applique la loi du 30 juin 1899. Comme la plupart d'entre eux ne font point usage d'autre « moteur » que la force de leurs bras — ici et là en s'aidant d'un cheval ou d'un bœuf — il s'en suit que, la plupart du temps, ils ne sont pas indemnisés en cas d'accident.

L'esprit de la loi de 1899 était évidemment de soustraire les petits cultivateurs à la charge d'une assurance qu'aurait rendue nécessaire la responsabilité du risque professionnel. Ceux qui possèdent des machines à vapeur, ce sont de gros exploitants; la loi peut les grever.

(1) Ajoutons qu'une proposition de M. Defontaine, en date du 3 décembre 1912, vise l'extension pure et simple de la loi de 1898 au personnel salarié des établissements hospitaliers. Déjà un projet antérieur du gouvernement en comportait l'application *très atténuée* aux hospitalisés eux-mêmes pour les accidents qui peuvent leur survenir au cours des travaux qu'ils exécutent, selon leurs forces, pour le compte de ces établissements.

Ceux qui ne travaillent qu'à bras, ou avec des animaux, ce sont des personnes modestes; la loi est tenue de les ménager.

Quelle est dans ce raisonnement la part d'un souci désintéressé ? quelle est la part de la réclame électorale ? je ne me charge pas de les démêler. Et je ne m'occupe pas davantage, quant à présent du moins, de vérifier dans quelle mesure l'emploi d'un moteur inanimé est un critérium de distinction du gros et du petit cultivateur. (1)

Ce qui est certain, c'est que l'application de la loi de 1899 aux accidents forestiers aboutit à exonérer du risque professionnel de gros propriétaires et de gros marchands de bois, et qu'aucune raison péremptoire ne militait en faveur de cette exemption.

Car les risques d'accidents ne sont pas moindres pour les bûcherons que pour la plupart des ouvriers industriels.

Chaussés de crampons de fer et armés d'une lourde hache, ils grimpent à vingt, trente mètres de hauteur et plus, pour opérer l'« ébranchage ». Puis, c'est l'« abattage » décrit par

(1) Les petits cultivateurs louent fréquemment des machines pour quelques jours ou quelques semaines à des commerçants qui font précisément métier de ces locations. Or on a jugé qu'un accident venant à être causé par la machine, la responsabilité incombait, non au commerçant, mais au cultivateur. Alors?

Bazin, le « tronçage » et le « schlittage » : le transport pittoresque et périlleux que vous connaissez au moins par les affiches illustrées de la Compagnie de Chemins de fer de l'Est.

Dès le 15 février 1909, sur le rapport de M. J. L. Breton, la Chambre a compris qu'il convenait de les protéger contre le risque professionnel : elle a voté l'extension pure et simple de la loi sur les accidents du travail.

Pourtant, les conditions très spéciales du travail des bûcherons appelaient une réglementation particulière : ils travaillent loin du maître; et puis qui est le maître? Le propriétaire de la forêt? ou l'acquéreur de la coupe? ou le sous entrepreneur qui a marchandé une tâche?... Une adaptation était nécessaire.

Ce fut l'avis du Sénat qui discuta des accidents forestiers en janvier 1911 et adopta, sur le rapport de M. Boucher, un texte nouveau sur lequel il appartient à présent à la Chambre de se prononcer.

Il a été dernièrement rapporté, au nom de la commission d'assurance et de prévoyance sociales, par M. Emile Dumas. La commission accède, par esprit de conciliation, au texte adopté par le Sénat, non, toutefois, sans lui avoir fait subir quelques modifications nécessaires, écrit-elle, « pour éviter dans l'application de la loi toute ambiguïté et diminuer le plus possible les nécessités d'interprétation judiciaire qui risquent de fausser la pensée des législateurs ».

Précaution infiniment sage ! Qui n'a fait l'expérience, en matière de législation ouvrière, des déformations que l'« interprétation judiciaire » arrive à faire subir à l'esprit des textes ?

Nous ne nous arrêterons qu'à l'une de ces modifications, dont la portée, du reste, dépasse la question des accidents forestiers.

Le projet du Sénat renferme un article ainsi conçu :

Toutefois la présente loi n'est pas applicable aux terrains boisés exploités en tout ou en partie *dont la superficie, d'un seul tenant, n'excède pas trois hectares.*

La commission de la Chambre a biffé cette exception. Nous pensons qu'elle a bien fait.

Il y a parmi nos parlementaires une tendance fâcheuse dont nous avons du reste déjà trouvé la trace dans la loi du 30 juin 1899: une disposition à n'avoir jamais trop de rigueur envers les grands patrons ni trop de bienveillance envers les petits. (1) Pour eux,

---

(1) A rapprocher les lois fiscales votées durant ces dernières années contre les grands magasins et les établissements à succursales multiples (M. Berry voudrait encore les aggraver), les dérogations à

le même ouvrier, exécutant la même besogne, au même prix et dans les mêmes conditions est inégalement digne de protection suivant qu'il est au service de Pierre qui commande à une centaine de salariés ou de Paul qui n'en a que quatre sous ses ordres. Avec cela que les ouvriers sont mieux traités ici que là! C'est tout simplement l'attitude du socialisme de bas étage. Protection ouvrière, cela? Allons donc! Battage électoral!

Que, par des mesures bienveillantes, comme en renferment souvent les lois de finances annuelles, certaines rudesses de la concurrence commerciale soient amorties; que les pouvoirs publics aident le petit commerce, la petite industrie, la propriété rurale à opérer eux-mêmes les transformations nécessaires pour se mettre en mesure de soutenir la rivalité de leurs gros concurrents: soit! Nous ne nous dé-

la loi de dix heures en faveur de la petite industrie (voir-ci-dessus), etc. Il est curieux de constater qu'un certain nombre de ces mesures ont l'assentiment du parti socialiste : pourtant si, conformément à la doctrine marxiste, le collectivisme est l'aboutissant fatal de la concentration industrielle déterminée par le capitalisme lui-même, tout bon socialiste devrait se réjouir de cette concentration et se montrer l'ennemi irréconciliable de la petite propriété et du petit commerce. Mais la réclame électorale a des raisons que le marxisme ne connaît pas.

clarons pas absolument hostile à cette conception du rôle tutélaire de la loi.

Mais que les lois fiscales, et surtout les lois
sociales, soient systématiquement détournées
de leur but; que, sous prétexte de légiférer
en faveur de la classe ouvrière, le Parlement
légifère contre la grande entreprise; que le
pavillon de la défense ouvrière serve de drapeau à une campagne contre la grande propriété, le grand commerce et la grande industrie :
c'est ce que nous ne pouvons accepter; c'est
un procédé qui manque de franchise.

A en user avec la persévérance que nous observons depuis quelque temps, on convaincra le
public que, quand nos sénateurs et nos députés
plaident les grandes causes du Progrès, de l'Humanité et de la Démocratie, ils n'ont cure que
de satisfaire le plus grand nombre de leurs
électeurs.

Et ce sera tant pis pour le bon travail social.

Les maladies professionnelles

La loi du 9 avril 1898 a posé le principe du risque professionnel. Mais elle en a limité l'application aux *accidents* causés par le travail : elle attribue à l'ouvrier atteint d'une incapacité relative de travail une rente égale à la moitié de la réduction de son salaire, à la victime d'un accident ayant entraîné une incapacité absolue de travail une rente égale aux deux tiers de son salaire. Cette législation protectrice est étrangère aux *maladies* qui ne sont que la conséquence de l'exercice habituel de la profession: intoxications de toutes sortes produites par le plomb, le mercure, l'arsenic, le phosphore, cataracte des verriers, crampe des télégraphistes, main-morte des mineurs... (1)

(1) Un pas a été fait dans le sens de la réparation du préjudice causé par les maladies professionnelles. L'article 139 de la loi de finances du 13 juillet 1911 décide que les dépenses médi-

Son extension est-elle désirable? Est-elle possible?

D'importantes déclarations ont été faites à ce sujet au deuxième congrès international des maladies professionnelles tenu à Bruxelles en septembre 1910.

Le président du congrès, le docteur Mœller, qui est en même temps président de l'Académie royale belge de médecine, fit cette judicieuse observation:

La réparation légale de la maladie professionnelle aurait dû logiquement précéder celle de l'accident, parce que la survenance de la maladie n'implique pas la faute éventuelle de l'ouvrier, et que les conséquences de la maladie professionnelle affectent dans la généralité des cas une gravité dont la plupart des accidents sont par bonheur dépourvus.

Et à l'encontre de la protestation générale des milieux industriels contre les projets d'extension, un patron, M. Ramboursk vint affirmer:

Les patrons autrichiens ne sont pas opposés à cales pharmaceutiques et hospitalières indispensables pour le traitement des mineurs atteints d'antylostomiase seront supportées par les exploitants, lesquels devront en outre payer aux malades l'indemnité journalière de demi-salaire jusqu'à ce qu'ils aient pu reprendre leur travail.

la réparation des maladies professionnelles.

Il faut bien reconnaître en effet, que les accidents proprement dits ne représentent dans certaines industries qu'une faible part des risques d'invalidilité courus par le travailleur. L'abbé Lemire applique très justement cette remarque aux enfants employés dans les verreries :

On parle d'accidents. On signale, en 1907, 16 p. cent des garçons et 10 p. cent des fillettes comme ayant fait l'objet de déclarations. Ce sont déjà de gros chiffres. (*Dans la métallurgie, la proportion est de 34,4 p. cent*).
Mais ce que les statistiques n'enregistrent pas, ce sont les santés flétries, les phtisies multipliées, les morts précoces.

Quelles objections soulever contre le principe de la réparation des maladies professionnelles?
Dira-t-on que la réparation est accordée d'avance par le fait que les professions dangereuses sont rémunérées en proportion des risques courus? Vaine conception de théoriciens,qui ne justifie point d'ailleurs la dictinction établie entre les accidents professionnels et les maladies professionnelles!
Prétendra-t-on que l'industrie est impuisante à assurer la charge d'une nouvelle assurance? Evoquera-t-on le spectre de la concurrence étrangère? C'est une vieille objection qui

a été faite à tous les projets de lois ouvrières, et dont l'évènement a prouvé l'inanité. Les assurances sociales sont autrement développées en Allemagne qu'en France: et l'industrie allemande ne s'en porte pas plus mal!

Il n'y a que deux difficultés sérieuses : c'est d'une part, l'indécision du rapport de cause à effet entre le travail et la maladie, et la subtilité de la preuve de cette relation; — c'est ensuite la complexité d'une répartition des responsabilités entre les employeurs successifs du même malade. C'est par là et rien que par là, que la législation des maladies professionnelles offre un aspect différent de celle *s accidents professionnels.

Ces difficultés ne sont pas insolubles.

Il y aurait d'abord une façon très radicale de les supprimer. Au congrès de Bruxelles, M. Biondi (Italie) émettait cet avis:

Il est très difficile de faire le diagnostic des maladies professionnelles, tellement les limites en sont imprécises. Où commencent-elles? Où finissent-elles? Aussi est-il plus simple et plus pratique de les englober dans les caisses générales d'indemnité-maladie, mais en proportionnant la contribution des patrons au degré d'insalubrité de leur industrie.

L'Allemagne n'a pas reculé devant une mesure aussi osée. Chez elle, la question de la maladie professionnelle, ne se pose pas, pour cette

raison que toute ·maladie, professionnelle on
non, rentre dans les cadres de l'assurance sociale. ·

La Suisse et l'Angleterre qui ont résolu chacune de leur côté, et d'ailleurs d'après des mé-
thodes opposées, le problème des maladies professionnelles , — et de celles-là seulement —,
nous fournissent d'autre part des exemples
moins hardis, mais par là même mieux appro-
priés à la timidité de notre Parlement.

Au surplus, si l'application du principe du
risque professionnel peut donner lieu à quelques abus, il faut s'en consoler; l'irresponsa-
bilité actuelle du chef d'entreprise est la cause
d'abus bien pires. Et nous ne saurions mieux
conclure que par cette boutade du rapporteur
de la commission parlementaire chargée d'examiner le projet Breton:

Nous ferons observer qu'avec la façon adoptée
par Breton et la commission d'assurance et de
prévoyance sociales, n'accordant à l'ouvrier victime de sa profession qu'une indemnité forfaitaire
de 50 p. cent., le patron, même s'il indemnise la
moitié plus de maladies qu'il ne le devrait réelle-
ment, ce patron ne pourra encore se dire lésé,
puisqu'il n'accordera que la moitié de l'idemnité
qui serait légitimement due.

Nous avons dit que la question des maladies
professionnelles est résolue en Suisse, en Angleterre, et — d'une façon indirecte — en Al-

lemagne. Où en est-elle en France?

Elle a été posée pour la première fois en 1888 par Camille Raspail, lors de la discussion du projet relatif aux accidents du travail. Son amendement, comme plus tard celui de M. Fairé et Julien Goujon, fut rejeté.

La loi sur les accidents fut promulguée le 9 avril 1898. Trois ans plus tard, en juin 1901, M. Vaillant présenta cette brève proposition:

Les maladies professionnelles sont comprises dans les accidents du travail et visées comme telles dans la présente loi. La tuberculose de l'ouvrier et de l'employé est tenue pour maladie professionnelle.

Une nouvelle proposition, d'ailleurs inspirée du même principe, fut déposée par M. Breton, député du Cher, le 5 décembre 1901. O ironie des mots! la Chambre lui accorda le bénéfice de l'urgence: elle attend toujours dans les cartons! Sur l'intervention de M. Millerand, ministre du Commerce à cette époque, elle fut renvoyée à la commission d'hygiène industrielle, laquelle avait mission : 1° de dresser la liste des maladies professionnelles « c'est-à-dire de celles dont l'exercice continu de la profession est la cause organique exclusive ou essentielle»: 2° de dresser la liste des professions correspondantes « avec pour chacune d'elles, le coefficient du risque spécial d'invalidité ou de morbidité résultant desdites maladies ».

On commençait à se rallier à la tendance anglaise. L'Angleterre adoptera en effet, en 1906, une loi énumérant limitativement la liste des maladies professionnelles ; il suffit d'en être atteint et d'appartenir à la profession pour avoir droit à l'indemnité; l'ouvrier n'est pas admis à prouver l'origine professionnele de toute autre maladie dont il serait atteint; le patron n'est pas admis à contester l'origine professionnelle d'une maladie cataloguée par la loi.

C'est dans ce sens que se poursuivirent simultanément les recherches des deux côtés de la Manche. Seulement, de l'autre côté on aboutit; la loi fut votée le 22 décembre 1906; une ordonnance du secrétaire d'Etat du 22 mai 1907 allongea la liste des maladies professionnelles; et une nouvelle extension est sur le point d'être adoptée. De notre côté, on a proclamé l'urgence, et on continue à délibérer...

Las d'attendre le laborieux accouchement de la commission d'hygiène industrielle, M. Breton a repris son projet, en le remaniant profondément, le 3 juillet 1903, puis au cours des législatures suivantes, les 13 juillet 1906 et 9 juin 1910. La commission de prévoyance et d'assurance sociales l'a retouché; elle a déposé le 23 décembre 1910 un énorme rapport de deux cents pages suivi de trois cents pages d'annexes et de documents.

Les dispositions essentielles sont les suivantes :

Un tableau est dressé qui renferme d'une part, « les affections aigues ou chroniques » considérées comme maladies professionnelles, d'autre part, les exploitations correspondant à chacune de ces maladies. Il est rédigé par une « commission supérieure des maladies professionnelles », et révisé et approuvé *annuellement* par décret. La commission comprend . trois députés, deux sénateurs, le directeur de l'assurance et de la prévoyance sociales, le directeur du travail, quatre médecins membres de la commission d'hygiène professionnelle, un conseiller prud'homme ouvrier, deux patrons et deux ouvriers désignés par le conseil supérieur du travail, etc... *Il n'est admis aucune allégation soit contre, soit outre la présomption légale qui résulte de l'inscription d'une infirmité parmi les maladies professionnelles.*

Le médecin qui constate la maladie fixe le point de départ de son développement; et la charge de l'indemnité se partage entre les employeurs successifs d'un même ouvrier suivant la durée de ses services auprès de chacun d'eux. Le dernier employeur est responsable pour le tout envers l'ouvrier malade, sauf son droit de recours contre les précédents employeurs.

Souhaitons que le Parlement trouve prochainement le temps de discuter cette réforme opportune, dont le profit ne sera pas seulement de *réparer* les maladies professionnelles, mais surtout de les *prévenir* en incitant les chefs d'entreprise à ne rien négliger de ce qui importe à l'hygiène de leurs ateliers. C'est ce que remarquait le distingué rapporteur général de la commission d'hygiène industrielle, le docteur Le Rcy des Barres:

Cette loi fera plus pour l'hygiène des ateliers que tous les règlements et tous les inspecteurs du travail. Quand cela coûtera de tuer les hommes, quand cela élèvera le coût de revient, on n'en tuera plus.

VII

L'Enfance ouvrière

De quelques abus
de la main-d'œuvre enfantine

La loi du 2 novembre 1892 interdit, en principe, l'emploi des enfants dans l'industrie avant l'âge de treize ans.

Afin de faciliter le contrôle des inspecteurs, elle oblige les maires à délivrer aux père, mère tuteur ou patron, un livret sur lequel sont portés les nom, prénoms, domicile, date et lieu de naissance de l'enfant ; les chefs d'industrie doivent à leur tour y inscrire la date d'entrée dans leurs ateliers et celle de sortie; ils sont en outre tenus de mentionner sur leurs registres les indications des livrets de leurs jeunes ouvriers.

Voilà une prescription bien mal observée. Ce ont les rapports annuels de l'inspection du travail qui en font foi.

Sauf dans la grande industrie, les registres sont très mal tenus ou ne sont pas tenus du tout. Quant aux livrets, ils donnent lieu à de scandaleux abus. Voici ce qu'on lit dans le rapport publié en 1910 sur l'application de la loi de 1892 durant l'année précédente :

Un abus signalé résulte de ce fait que rien n'empêche les maires de délivrer à plusieurs reprises de nouveaux livrets aux enfants, lorsqu'ils déclarent les avoir perdus. Cette pratique permet aux enfants de quitter brusquement leurs patrons sans leur réclamer leurs livrets. Le livret peut ensuite être attribué à un autre enfant et la fraude est difficile à constater.

Rien de plus aisé, en effet, que de passer le livret abandonné à un enfant de moins de treize ans. Le chef d'industrie peut ainsi avoir toujours à sa disposition un lot de livrets à la disposition des enfants qu'il emploie en sous-âge. Les inspecteurs déclarent qu'ils trouvent fréquemment de ces livrets d'emprunt entre les mains des petits étrangers qui portent sur leurs figures un âge inférieur à celui qui est inscrit sur le livret.

C'est un vrai sabotage de la loi.

Mais ce n'est pas tout. La fraude aux livrets n'est que l'une des pratiques variées que l'ingéniosité des gens d'affaires a inventées pour mystifier les inspecteurs. Les petits travailleurs embauchés au mépris de la loi sont dressés à tromper l'inspecteur. Ecoutez l'inspecteur divisionnaire de Paris :

La découverte des enfants en sous-âge, particulièrement ceux d'origine étrangère, demande souvent à l'inspecteur une patience et une ténacité extraordinaires. Dès qu'il interroge un de ces jeunes ouvriers occupés illégalement, tous les obstacles s'accumulent pour lui dissumuler la vérité : aux fausses pièces d'état-civil s'ajoutent le mauvais vouloir des parents et leur prétendue connaissance insuffisante de notre langue, les renseignements erronés des embaucheurs, et parfois même la complicité du personnel.

Le coup est si bien monté que l'on n'arrive pas à dresser cinq cents contraventions par an dans toute la France pour emploi d'enfants en sous-âge...

Le Parlement ne saurait vraiment trop se hâter de venir au secours de l'inspection du travail. Il n'y va pas seulement de l'intérêt des petits êtres qu'on exploite et d'un corps d'honorables fonctionnaires que l'on berne ; il y va de la dignité du pouvoir législatif de faire respecter ses lois.

Le moyen est très simple et le rapport de l'inspection le suggère : obliger les chefs d'entreprises à renvoyer à la mairie les livrets des enfants qui quittent leur service.

La loi du 2 novembre 1892 permet aux enfants pourvus du certificat d'études primaires de travailler dès l'âge de douze ans à la condition qu'ils présentent à l'employeur un certificat d'aptitudes physiques.

Son but était de favoriser l'apprentissage : il lui semblait que les petits diplômés de l'enseignement primaire étaient particulièrement qualifiés pour apprendre un métier, et qu'il convenait d'encourager les parents à consentir ce sacrifice en devançant la sortie de l'école.

Les intentions du législateur ont été complètement méconnues.

D'abord la double garantie du certificat d'aptitudes primaires et du certificat d'aptitudes physiques est devenue illusoire. C'est toujours dans les rapports de l'inspection du travail qu'on en trouve la preuve.

En ce qui concerne le certificat médical :

Les mêmes critiques que précédemment sont formulées par les inspecteurs relativement à la façon dont sont délivrés les certificats d'aptitude physique. Ces certificats sont d'ailleurs assez fréquemment délivrés, contrairement aux termes de la loi, par les médecins de l'usine où sont occupés les enfants.

Quant au certificat d'études, c'est encore bien plus simple : on s'en dispense avec la complicité de l'inspecteur primaire, qui se livre, dans certains départements, à un scandaleux abus d'autorité :

On signale dans la circonscription de Limoges
et dans celle de Dijon, que des enfants de moins
de treize ans non munis de certificat d'études sont
embauchés sur le vu de certificats de dispense
de scolarité délivrés par l'inspecteur primaire. On
s'explique d'autant moins cette dispense qu'il a été
constaté que des certificats de cette nature auraient
été délivrés à des enfants illettrés. Le ministère
de l'Instruction Publique a été saisi de ces faits
et a adressé des instructions en conséquence. (1)

Du reste, la plupart du temps, ce n'est pas
pour faire apprendre un métier à leurs enfants
que les parents usent de la faculté de devancer
d'un an l'âge normal de l'admission au travail : c'est pour leur rapporter tout de suite
un salaire. Les rapports des inspecteurs du
travail constatent une moyenne annuelle de
5.000 enfants de moins de treize ans occupés à
un travail industriel, et y remplissant pour la
plupart des besognes machinales ou des tâches
de manœuvre. Sur ces 5.000 enfants, ils trouvent 3.000 fillettes.

M. Justin Godart vient à ce sujet de déposer
une proposition de loi destinée à prévenir ce
détournement de la dérogation accordée aux
enfants brevetés. Ce projet consiste tout simplement à exprimer dans le texte de la loi les

(1) Cette citation est extraite du rapport de 1910.
Le rapport de l'année suivante affirme que le fait
ne s'est pas renouvelé.

desseins oubliés en 1892 dans les procès-verbaux des discussions parlementaires.

L'admission au travail dès l'âge de douze ans serait subordonnée à la quadruple condition du certificat d'études institué par la loi sur l'instruction primaire, — d'un certificat d'aptitudes physiques délivré après examen de l'enfant par un médecin désigné par l'administration, — d'un contrat écrit d'apprentissage, — et de la réserve de quatre heures par jour pour suivre des cours professionnels. (1)

Excellente initiative dont 'e succès apporterait une utile contribution à la solution de la crise de l'apprentissage. (2)

Le jour, la place des enfants est en classe, et le soir, dans leur lit : voilà le meilleur argument en faveur de la proposition de M. de Monzie contre l'emploi des mineurs de treize ans dans les théâtres. Les droits du théâtre et les droits de l'art ne peuvent pas être mis en balance avec les droits d'enfant à fréquenter l'école, à dormir sur ses deux oreilles, et à échapper à l'atmosphère excitante des planches.

(1) M. Doisy a également présenté une proposition « sur les obligations imposées aux patrons qui louent les services de mineurs de moins de treize ans. »

(2) La proposition Godart a été rapportée favorablement par M. l'abbé Lemire.

Dans un article paru dans le *Temps*, le 5 février 1912, M. Jules Claretie affirme sa conviction que la vertu des enfants est respectée dans les coulisses. Admettons que le jugement de M. Claretie ne pêche pas par optimisme ; il n'en reste pas moins que l'action scénique est une merveilleuse force pour échauffer, exalter et déformer l'imagination et la sensibilité des petits figurants.

Mais il y a plus. Ce n'est pas seulement l'intérêt d'une poignée de gamins livrés aux planches par des parents moins soucieux de l'éducation de leurs enfants qu'avides d'un « cachet à gagner », qui est en jeu. C'est l'intérêt public, le goût public, l'éducation publique. Ici, nous ne pouvons résister au désir de citer une excellente page du rapport de l'abbé Lemire sur cette proposition :

Boileau, dans son *Art poétique*, ne décrit que les mœurs du jeune homme, de l'homme mûr et du vieillard.

L'enfant ne compte pas pour le théâtre. Qui dit acteur dit agent. Or l'enfant est passif. Il est un instrument dans la main d'autrui.

La règle de l'Aristarque français qui l'exclut de la scène est un bonne règle. Elle n'est jamais violée impunément. Multiplier les enfants au théâtre, c'est viser à produire des effets qui n'y sont pas de mise, qui ne sont ni de bon goût ni de bon genre. De telles exhibitions procèdent du procédé physique de saltimbanque quand elles sont accompagnées de mouvements chorégraphiques.

Mais le plus souvent les enfants excitent les nerfs des spectateurs et des spectatrices et font couler de grosses larmes de sensiblerie épaisse.

Par les dangers qu'ils courent et par les minauderies qu'ils affectent, ils font se pâmer les matrones ! C'est la comédie larmoyante ou le mélodrame ; ce n'est ni la grande émotion de la tragédie, ni le bon rire spirituel de la comédie. L'emploi de tels moyens rapaisse l'art.

La disposition de la loi de 1892 qui permet à l'administration d'accéder aux demandes qui lui sont faites d'autoriser pour certains spectacles l'emploi d'enfants de moins de treize ans. a été néfaste. Le nombre des autorisations a toujours été grandissant : 144 en 1896, pour 641 enfants ; 166 en 1899, pour 775 enfants ; 170 en 1905, pour 807 enfants ; 348 en 1909... Jusqu'en 1904, on a autorisé l'emploi des enfants, non seulement dans les théâtres, mais dans les cafés-concerts. Actuellement, on exhibe dans les théâtres jusqu'à des enfants de 8 ans, de 5 ans et de 3 ans.

Il n'y a qu'une façon efficace de mettre un terme à cette détestable exploitation de l'enfance. C'est de rapporter purement et simplement la dérogation admise par la loi de 1892, en faveur du théâtre, à la règle qui fixe l'âge de l'admission au travail à treize ans. C'est précisément l'objet de la proposition de M. de Monzie.

Un commerce inhumain

———

L'opinion publique s'est émue de l'exploitation inhumaine et illégale qui s'exerce sur les petits étrangers et surtout sur les petits italiens employés dans les usines à feu continu.

M. Edouard Rod a utilement plaidé leur cause dans son roman *Un vainqueur*. Des journaux, des revues, ont prêché la croisade.

L'Association française pour la protection des travailleurs a fait entendre sa voix autorisée. Un député, M. l'abbé Lemire, qui représente une région de verreries, a déposé une proposition de loi et l'a déja fait adopter par la Chambre.

La diplomatie elle-même s'est mise en mouvement : cette grande dame a daigné faire tomber un regard de pitié sur les bagnes d'enfants:

à la date du 15 juin 1910, les gouvernements français et italiens sont tombés d'accord sur les termes d'un arrangement relatif à *la protection des jeunes ouvriers français travaillant en Italie et des jeunes ouvriers italiens travaillant en France.*

La justice, enfin, informe au sujet de faits scandaleux qui viennent d'être surpris à La-Plaine-Saint-Denis.

—

I

On sait que la verrerie est l'une des cinq industries dans lesquelles il est permis, aux termes d'un décret de 1893, de faire travailler la nuit les jeunes ouvriers de moins de dix-huit ans .

A diverses reprises, *La Démocratie* a signalé les abus qui découlent de cette tolérance.

Du reste, qui n'a lu les horreurs de la traite des petits italiens ?

Un raccoleur parcourt la campagne; contre une somme une fois payée de 100 ou 150 francs il achète pour trois ans des enfants de familles misérables ; quand la caravane est au complet, il la dirige vers la France. C'est surtout aux verreries qu'il s'adresse. Il leur loue sa marchandise humaine de 35 à 45 francs par enfant et par mois. C'est lui, bien entendu, qui touche le salaire ; ni les enfants, ni leurs parents n'en voient jamais un sou.

Le *padrone* veille d'ailleurs au logement et à la nourriture de son troupeau : les malheureux vivent encarsernés dans d'ignobles taudis, où ils couchent deux à deux et quatre à quatre, sous la férule du maître.

Brutalisés à l'usine s'ils commettent une maladresse, brutalisés chez le logeur s'ils tentent de se révolter, privés de communication avec leur familles, nourris pour quelques sous par jour, condamnés à un labeur épuisant dans l'atmosphère brûlante du four, parfois ils tentent de s'évader. Alors, on les voit tomber, mourant de faim et de fatigue, au bord d'une route, se laisser reconduire tout repentants par les gendarmes au lieu de leur supplice, et reprendre, résignés, l'esclavage auquel la misère les a rivés pour toujours; car si leur martyre ne se consomme pas par la mort — et les cimetières de petits italiens créés non loin de certaines verreries éveillent de suggestives réflexions — ils n'en sortiront que brûlés, mutilés, défigurés, flétris au physique et au moral. C'est l'enfer de Dante ; à la porte il faut déposer tout espoir.

Le petit verrier a bientôt perdu cette fraîchair d'âme qui fait la beauté des enfants; qui se préoccupe autour de lui de cette force improductive qu'est l'innocence du cœur ? qui a souci de sa vie morale ? qui songe à son âme ? Il fait contre mauvaise fortune bon cœur. Il crâne comme les autres. Il gouaille comme les autres. Il s'alcoolise et il s'abrutit comme les autres. Il perd toute conscience de sa dignité d'homme : sa déchéance morale, il ne s'en aperçoit pas ; sa dégradation physique, il en plaisante... Inutile d'insister sur les vices infâmes dont un pareil milieu peut être le bouillon de culture. (1)

Le remède est la suppression de la dérogation accordée pour la verrerie au principe de l'interdiction du travail de nuit des enfants. Elle entraînerait, au dire des industriels intéressés, la transformation complète des procédés de production. Il faudrait compenser la perte subie de ce chef, par la substitution du travail mécanique au travail à la main. Ce serait la fin du martyr des petits verriers.

(1) Au moment de livrer à l'impression le manuscrit de cet ouvrage, j'apprends que la plainte déposée au parquet de la Seine au sujet des mauvais traitements infligés aux petits verriers de La Plaine Saint-Denis, vient d'aboutir à une série de condamnations. Elle dénonce les abominables machinations des rabatteurs qui, sous couleur de philanthropie, recrutent, surtout en Espagne, la petite main-d'œuvre nécessaire à cette verrerie. Elle expose que les enfants sont d'une saleté repoussante ; que leur nourriture composée de soupes d'herbages est répugnante ; et qu'après avoir travaillé dix, douze et parfois quinze heures près des fours, épuisés par la chaleur torride, ils ne trouvent pour se coucher que le plancher d'une salle où on les parque durant les heures de repos.

La proposition de l'abbé Lemire ne va pas jusque là. Elle vise seulement à réduire de cinq à deux les dérogations concédées par le décret de 1893 : la métallurgie et la verrerie. Du reste les enfants ne pourraient être employés que durant dix heures sur vingt-quatre, et seulement à certains travaux peu fatigants et limitativement énumérés. (1)

Nous osons croire que c'est là une réforme trop timide, et que seule une prohibition absolue peut être efficace ; nous en trouvons la preuve dans un récent rapport sur l'application de la loi de 1892 et du décret de 1893 :

A la suite de diverses observations, estiment les inspecteurs du travail, on peut affirmer que dans les usines à feu continu où des enfants sont occupés la nuit, il n'est jamais certain que la durée

---

(1) L'abbé Lemire a déjà obtenu satisfaction partielle par le décret du 8 octobre 1911 sur le travail des enfants dans les verreries. Nous expliquons ci-dessous pourquoi cette mesure nous paraît insuffisante. Du reste certains industriels ne ne gênent pas pour se permettre des libertés véritablement scandaleuses. On trouve dans le dernier rapport de l'inspection du travail l'affirmation donnée par l'inspecteur de Creil que, jusqu'à ces derniers temps, un maître-verrier de la région employait des gamins durant dix heures de nuit à l'usine, et, le dimanche, durant une partie du jour... comme marchands d'oublies sur les promenades publiques.

du travail de ces enfants se maintienne dans la limite du maximum de dix heures.

Des visites faites la nuit, il résulte cette autre remarque : dans bien des cas, *les enfants ne sont pas employés aux seuls travaux limitativement fixés par le décret* du 15 juillet 1893; ainsi dans trois ou quatres fabriques d'ustensiles en fer émaillé, les enfants, au lieu d'être occupés à la manœuvre des portes des fours, étaient employés à des travaux de manutention.

Voilà pourquoi nous ne saurions souscrire à une demi-mesure.

Mais les nécessités industrielles ?

Voici un document qui prouve qu'elles trouveraient aussi leur compte à une réforme plus hardie.

C'est une « étude comparative des prix de revient entre les différents procédés de fabrication des bouteilles ordinaires » publiée dans le dernier numéro du *Bulletin* de l'importante *Société industrielle de l'Est*. Il établit que la substitution du travail mécanique au travail à bras — conséquence de la suppression du travail de nuit — serait une économie pour les maîtres-verriers.

L'auteur suppose une fabrication de 28.000 bouteilles de 750 gr. représentant la contenance moyenne en France. Le prix de revient est, par cent bouteilles : pour la fabrication à la main, de 4 fr. 25 ; pour la fabrication à la petite machine, de 4 fr. 03 ; pour la fabrication à la machine automatique, de 3 fr. 05. Dans ces chiffres, il est tenu compte, bien entendu, de l'amortissement du matériel.

Que de fois la protection légale des travailleurs, loin de paralyser l'essor industriel, aboutit au contraire à l'affranchir de la tyrannie de la routine !

Or cela, le grand public l'ignore ; et facilement on lui fait croire le contraire.

Les calculs du *Bulletin* de la *Société industrielle de l'Est* ne peuvent que nous inciter à persévérer dans une revendication qui sert les intérêts véritables de l'industrie, en même temps qu'elle vise à mettre fin à l'abominable exploitation des petits verriers.

II

Avant de réformer une législation insuffisante, il convient au moins de la faire appliquer telle qu'elle est : c'est le but de la convention franco-italienne du 15 juin 1910 (1).

Observons tout d'abord que la réciprocité écrite dans son intitulé et reproduite dans toutes ses dispositions est purement apparente : il y a des milliers de petits italiens qui travaillent en France ; il n'y a guère de petits français qui travaillent à l'étranger.

(1) Elle a été approuvée en France par la loi du 6 janvier 1912.

Un chauvinisme ombrageux peut regretter que par tous les traités de travail qu'elle a conclus avec l'Italie, la France donne sans recevoir, et que, pour prix de la protection qu'elle accordait aux jeunes ouvriers italiens, elle n'ait pas stipulé à son profit quelque avantage tangible ; nous pensons, quant à nous, que la France remplit simplement un devoir de justice et d'humanité vis-à-vis de ses hôtes, — un devoir de loyauté même, s'il est vrai que c'est à l'aide de manœuvres frauduleuses que d'ignobles raccoleurs recrutent dans les provinces pauvres de l'Italie la main d'œuvre nécessaire à l'industrie française. (1)

Il y va même de l'intérêt de la loi française. La loi de 1892 qui permet le travail des enfants à partir de treize ans (douze ans pour les enfants pourvus du certificat d'aptitude physique) oblige les jeunes ouvriers de moins de dix-huit ans à se procurer à la mairie un « livret de travail ». C'est une loi d'ordre public qui oblige les étrangers résidant en France.

Or les *padroni* ont toujours recruté des enfants en sous-âge : ils les embauchent à d'autant meilleur compte que les parents ne peuvent pas les faire travailler auprès d'eux. Mais pour obtenir un « livret de travail » de la mairie française du lieu de destination, il faut

______

(1) Depuis quelque temps, c'est en Espagne qu'on raccole des enfants pour les verreries de notre pays.

fournir des pièces d'identité. Pour cela, on fabrique des faux certificats ; ou l'enfant change de nom, et emprunte celui d'un camarade plus âgé dont le *padrone* s'est procuré l'acte de naissance. L'ingéniosité des raccoleurs s'est appliquée à déjouer les mesures protectrices du législateur : et il faut bien avouer qu'elle y a réussi.

Le nombre des enfants employés dans les verreries en dessous de l'âge légal ne peut pas être connu exactement. Et telle est l'insuffisance de l'inspection du travail en France que la plupart des infractions demeurent certainement ignorées et impunies. Mais les chiffres connus eux-mêmes sont singulièrement inquiétants : les rapports de l'inspection du travail pour 1900 et 1901 estiment à 50 pour cent la proportion des enfants de neuf à douze ans employés dans les verreries du Nord; ils signalent que des petites filles de dix ans figurent en grand nombre dans le personnel ; ils relatent l'aveu des maîtres verriers que l'effectif nécessaire pour remplacer leurs jeunes ouvriers employés illégalement par eux serait de 800 à 1000 enfants: en admettant que l'aveu soit sincère, encore faudrait-il tenir compte des dissimulations faites par les raccoleurs aux maîtres verriers eux-mêmes.

Voilà les intérêts — intérêts humains, mais français aussi — auxquels doit satisfaire la convention du 15 juin 1910. Elle n'est d'ailleurs que le développement du traité de travail du 15 avril 1904, qui en posait les principes.

Des comités de patronage sont institués, et investis d'un pouvoir général de surveillance sur le logement, la nourriture, l'habillement, l'hygiène, la moralité, le travail des petits italiens. Ils sont chargés, concurremment avec les inspecteurs du travail, de constater les infractions aux lois, et de les signaler à ceux-ci. Un comité doit être créé dans tout arrondissement où plus de cinquante enfants italiens travaillent dans l'industrie. Ces comités peuvent même étendre leur patronage aux ouvriers adultes. Ils doivent comprendre autant que possible, des membres français et des membres italiens.

En dehors de cette protection générale, la convention fixe des règles très précises touchant l'admission des petits italiens dans les usines françaises. Les mairies ne doivent leur délivrer de livrets de travail que sur le vu d'un certificat du consul italien, certificat portant la photographie du sujet ou sa signature apposée en présence du consul. Le consul ne délivrera lui-même le certificat que sur la présentation 1° d'un acte de consentement des parents, 2° d'un livret d'admission délivré en Italie par la mairie d'origine ou d'un acte de naissance, 3° d'une attestation d'identité donnée par deux compatriotes connus par le consul.

Tous livrets fraululeux doivent être saisis

par l'inspecteur du travail et adressés au consul italien qui fait part de la saisie à tous ses collègues établis en France.

Les maires et les consuls, enfin, doivent tenir un registre très exact des livrets et certificats qu'ils ont délivrés en vue de l'admission au travail.

Ces précautions sont sages. Si elles sont ponctuellement observées, et surtout si les comités de patronage prennent vraiment à cœur leur mission, beaucoup de souffrances seront épargnées à de pauvres petits êtres, dans lesquels la recherche effrénée du lucre avait odieusement outragé l'image de Dieu.

VIII

La Maternité ouvrière

L'aide mutuelle

En ce temps de dépopulation, il n'est guère de question plus digne de fixer l'attention publique que la protection de la maternité ouvrière.

Déjà une loi du 16 novembre 1909 a décidé qu'un employeur ne pourrait, sans s'exposer à des dommages-intérêts, congédier une ouvrière ou une employée à raison de l'interruption de travail nécessité par ses couches.(1)

(1) M. le sénateur Paul Strauss soutient même depuis 1899 le principe de l'interdiction du travail salarié aux jeunes mères durant les quatre premières semaines qui suivent l'accouchement. On verra plus loin que la proposition votée par la Chambre le 5 décembre 1912 lui donne dans une certaine mesure satisfaction

Cette disposition équitable est à rapprocher de la loi du 28 décembre 1910 qui porte une prescription semblable touchant les interruptions de travail occasionnés par les périodes d'instruction militaire dans la réserve et la territoriale. Le même rapprochement vient d'être fait par la récente modification de la loi sur les retraites ouvrières : le texte primitif décidait que, sous le rapport des bonifications accordées par l'Etat, « les deux années de service militaire obligatoire entrent en ligne de compte » ; désormais, « pour les femmes, chaque maternité constatée par la déclaration de naissance faite à l'officier d'état-civil compte pour une année dans la détermination de l'allocation viagère. » La maternité, aurait dit M. Prudhomme, est le service militaire des femmes.

C'est à ce point qu'en est aujourd'hui, — sinon pour les femmes employées dans les services publics, du moins pour les ouvrières et employées des entreprises particulières, — la protection légale de la maternité.

Du reste la loi ne doit pas et ne peut pas tout faire. Dans une société démocratique, elle n'a pour but que d'aider l'initiative privée, de suppléer à ses lacunes, de provoquer et d'encourager ses efforts. Quelles institutions l'initiative privée a-t-elle donc produites en faveur des jeunes mères et des petits enfants de la classe ouvrière?

Elles sont très nombreuses et très variées :

gouttes de lait, crèches, consultations de nourrissons, et bien d'autres que les rapports officiels groupent sous la dénomination barbare
de « puériculture. »

Nous nous proposons de consacrer ce chapitre à l'une des plus heureuses créations de
l'initiative privée: les mutualités maternelles.
Nous serons guidé par la brochure publiée
dernièrement sur ce sujet par notre ami, le
docteur Jacques Mornet, — un spécialiste en
la matière. (2)

L'intérêt qui s'attache à la protection de la
maternité saute aux yeux : La France se dé-
peuple. Le mal et les remèdes sont d'abord
d'ordre moral. Aujourd'hui même, pourtant,
« il y a dans la classe ouvrière de notre pays
beaucoup de pères de familles qui travaillent
avec ardeur pour subvenir aux besoins de leurs
enfants, beaucoup d'épouses qui acceptent cou-
rageusement les lourdes charges de la maternité, qui aiment, soignent et embellissent leur
foyer ». Pour ceux-là et pour celles-là, la survenance d'un enfant est souvent un terrible
embarras budgétaire. Le salaire de la femme
est une aide indispensable au budget du ménage. Il lui faut travailler jusqu'au moment de ses
couches; il lui faut reprendre le travail peu
de jours après sa délivrance. L'enfant naît dans

(2) Docteur Jacques Mornet, *Les Mutualités maternelles*, Bloud, 1911.

de mauvaises conditions; il est privé de l'allaitement maternel. C'est l'une des causes principales de l'excessive mortalité infantile.

Et il ne suffit pas pour y remédier de décider — comme l'a fait très justement la loi — que la femme ouvrière ou employée ne pourra être congédiée par son patron à raison de la suspension de travail nécessitée par ses couches : encore doit-on lui procurer une compensation des salaires perdus; sinon il lui faudra bien se rendre à l'atelier jusqu'à la dernière minute, et se hâter d'y retourner sitôt qu'elle peut.

Procurer à la future mère et à la jeune mère l'équivalent de son salaire durant le nombre de semaines convenables avant et après l'accouchement, exercer un contrôle rigoureux pour s'assurer qu'elle a bien cessé de travailler durant la période nécessaire, l'encourager enfin à allaiter elle-même le nouveau-né; tel est le but précis des mutualités maternelles.

Il est de mode de diviser les « œuvres », en deux catégories bien tranchées : d'une part les œuvres de bienfaisance (de charité, comme on dit en prenant le mot dans un sens étriqué); d'autre part les œuvres sociales, les œuvres de solidarité. Aux premières tous les mépris; aux secondes tous les honneurs.

Distinction simpliste et radicalement fausse, en tant qu'on se figure deux compartiments bien clos. Il y a une foule d'intermédiaires.

La mutualité — qui ne vit la plupart du temps qu'à l'aide des cotisations de membres honoraires — est précisément l'un de ces intermédiaires. La mutualité maternelle, plus encore que les autres branches de la mutualité, est obligée de faire appel à la bienfaisance : les salaires des femmes sont généralement bas; il est impossible aux ouvrières mutualistes de prélever sur leurs gains des cotisations assez fortes pour indemniser celles de leurs co-associées qui deviennent mères. Faut-il alors qu'elles s'en remettent à la charité publique? Non pas. Il y a de moyens termes, où la générosité des riches peut se combiner avec cette dignité prolétarienne qui répugne à l'aumône.

Donc les mutualités maternelles sont des œuvres mixtes de prévoyance et d'assistance.

Ceux-là ne comprennent pas cet assemblage qui se plaisent à enfermer la vie sociale dans des catégories impénétrables. Ce sont les partisans du tout ou rien. Ils veulent que la porte soit ouverte ou fermée : fermée du côté de la « charité » dès qu'on l'ouvre du côté de la solidarité. Les réalités sont bien plus complexes que les conceptions abstraites de leur esprit. L'alliance de la prévoyance et de la bienfaisance dans la mutualité maternelle, répond et à une nécessité matérielle, et à un état psychologique très réel et d'ailleurs très honorable.

Beaucoup de sociétaires des mutualités maternelles ont ce sentiment d'amour-propre, très louable, à encourager, de ne vouloir pas être confondues avec les malheureuses secourues par les œuvres de charité ou les bureaux de bienfaisance. Un exemple en est fourni par Dammarie-les-Lys. Dans ce petit village, où tout le monde se connaît, la Mutualité maternelle secourt les victimes des misères les plus lamentables, les plus soigneusement cachées; ces femmes n'ont pas voulu s'adresser au bureau de bienfaisance, qui cependant les aurait aidées discrètement, car pour elles une demande de secours officiels est assimilée à la mendicité humiliante, pénible et dégradante.

Car c'est un trait fort original des mutualités maternelles — dans lequel se traduit précisément l'alliance de la prévoyance et de la bienfaisance — que les sociétaires participants ne se réservent pas à elles-mêmes les secours de maternité : sur les sommes accumulées par leurs économies et par les dons des membres honoraires, elles prélèvent de quoi venir au secours des mères imprévoyantes; elles les font bénéficier plus largement encore des services annexes de leur association.

Toutes les femmes ouvrières de la ville, nous apprend le docteur Mornet à propos de la mutuelle de Vienne, bénéficient également, sans avoir à verser de cotisations, des avantages suivants : consultations de nourrissons avec prime de pesées pour encourager la fréquentation régulière, goutte de lait avec distribution gratuite ou à bon marché de lait stérilisé, dispensaire pour les femmes enceintes et accouchées, bains, douches et électrisation, crèches, distributions de médicaments, bons de viande aux mères qui nourrissent leurs enfants au sein.

C'est là une aide matérielle précieuse; mais c'est surtout un exemple et une leçon que ne comporteraient pas des distributions de secours faites par des sociétés charitables quelconques.

Ne craignez pas qu'une pareille pratique soit un encouragement pour les jeunes ouvrières et employées à s'abstenir de cotiser, dans l'espoir d'être quand même secourues lors de leurs couches. En effet, les secours aux non-participantes sont naturellement moins élevés. Puis les mutualités usent des secours d'accouchement avec discernement; elles les réservent aux femmes capables de comprendre la leçon qu'on leur donne, et d'en profiter; elles ne s'adressent pas aux impénitentes de l'imprévoyance, mais aux jeunes mères qu'elles espèrent pouvoir s'agréger un jour, à la suite d'une expérience, plus persuasive que tous les discours et toutes les brochures. Et l'ex-

périence réussit fréquemment, nous apprend le
docteur Mornet :

  Les mutualités maternelles ne se contentent pas
de venir en aide à leurs sociétaires, elles secou-
rent également des extra-participantes. Beaucoup
de femmes ne se soucient pas de la maternité; la
grossesse survient, les idées changent, les charges
apparaissent à l'horizon, ces femmes viennent
alors frapper à la porte de la mutualité maternelle.
La plupart des sociétés accordent des secours à ces
femmes *qui, par la suite, deviennent d'excellentes
mutualistes, ayant connu par expérience les bien-
faits de la mutualité.*

Charité intelligente, celle que reçoivent les
mutualités maternelles de la part de bienfai-
teurs et des pouvoirs publics! Et charité non
moins intelligente, celle qu'exercent de leur
côté les mutualités maternelles envers les imprévoyantes!

Nous ne pouvons songer à entrer dans tous
les détails techniques d'organisation.

Les cotisations des membres participants os-
cillent en général de 1 à 3 francs par mois ;
elles représentent une proportion extrèmement
variable du budget annuel : 28.000 francs sur
149.000 à la Mutuelle de Paris, soit moins du
cinquième des recettes; — le tiers à la Mutualité
maternelle de Charlieu (Loire) ; — le quart à
celle de Bordeaux ; — 12 0/0 seulement à celle

de Dammarie : proportions modestes sans doute, appréciables pourtant, qui ne permettent pas de traiter les Mutualités maternelles comme des œuvres de pure bienfaisance déguisée.

Le surplus est fourni par les cotisations des membres honoraires, les souscriptions de toutes sortes (celles des industriels par exemple), les ventes de charité, les subventions de l'Etat, des départements et des communes.

Les indemnités allouées varient de 7 ou 8 francs à 12 francs par semaine durant quatre semaines; elles sont généralement augmentées de moitié en cas d'accouchement double ; la Mutualité de Paris augmente le taux de l'allocation au profit des mères de plus de six enfants. De nouvelles indemnités sont accordées aux associées qui nourrissent leurs enfants.

La cheville ouvrière de la société, ce sont les dames inspectrices et les dames visiteuses. Elles n'ont pas seulement à exercer un contrôle, mais à répandre une bienfaisante action morale dont le profit n'est pas moindre que celui des secours pécuniaires.

Les dames patronesses mettent à la disposition des participantes leurs ressources propres, leurs conseils éclairés, grâce aux soins qu'elles ont reçus lors de leurs propres maternités.

D'autres auxiliaires qui n'ont pu ressentir les joies de la maternité ou qui, les ayant connues, les ont perdues, reportent sur les pauvres petits toute la réserve d'affection qui est au cœur de toute femme bonne et bienfaisante.

C'est un apostolat vraiment captivant. Il a le don — s'il faut en croire le docteur Mornet, — de convertir même un certain nombre de femmes frivoles qui ont commencé à s'y adonner par mode, comme à un sport de luxe.

Beaucoup de dames entrent également dans le comité par snobisme, puis peu à peu la société les prend, la vue du bonheur familial leur ouvre des horizons nouveaux, et par là même elles deviennent souvent de meilleures femmes et de meilleures mères.

N'est-il pas vrai que la pratique de la charité est aussi utile pour celui qui donne que pour celui qui reçoit?

Les pouvoirs publics ont commencé à comprendre l'intérêt national qui s'attache à la mutualité maternelle et à l'encourager.

C'est ainsi que la Mutualité maternelle de Paris touche annuellement du Conseil municipal de Paris 6.000 francs, du Conseil général 5.000 francs, du Ministère du travail 500 francs, de celui de l'intérieur près de 17.000 francs, sans compter les subventions de dix-sept communes de la banlieue.

Le Ministère de la guerre, de son côté, par une circulaire de l'an dernier, a recommandé aux chefs de corps la création de sociétés de ce genre au profit des femmes de soldats, avec le concours bénévole des femmes d'officiers.

Des Mutualités maternelles militaires fonctionnent dès à présent au 31e, au 46e, au 76e et au 104e régiments d'infanterie.

Enfin, c'est aux mutualités maternelles que fait appel M. Engerand, et c'est sur leur développement qu'il compte pour assurer le fonctionnement de la loi qu'il a jadis proposée en faveur de la protection légale de la mater ité; à elles encore que s'adresse M. Louis Marin dans une proposition qu'il développait tout dernièrement à l'*Association française pour la protection légale des travailleurs*.

Ces projets sont de ceux qui doivent aboutir, sous leur forme primitive ou sous une autre. Ils associent très heureusement l'action de l'Etat avec l'initiative privée; ils font des libres associations les collaboratrices de la législation sociale : le principe même de cette collaboration, — répétons-le encore — est en pleine harmonie avec les conditions du progrès social dans la démocratie.

Souhaitons, en terminant, que le Parlement ne tarde pas à se prononcer. Quelles questions plus urgentes pourraient le solliciter que le relèvement de la natalité?

Le docteur Pinard a dit un mot sur lequel nous voulons fermer ce chapitre :

« On ne prépare pas le salut de la patrie seulement en construisant des cuirassés. mais aussi et surtout en lui préparant des générations fortes. »

La protection légale

Les administrations publiques passent pour rétrogrades. Il semble que ce soit leur destinée d'occuper systématiquement l'arrière-garde. Elles sont lentes, paperassières, routinières, rebelles à tout progrès, défiantes de toute initiative, fermées à tout esprit de rénovation.

Fâcheuse réputation pour le gouvernement d'une démocratie!

Ayons la franchise d'avouer qu'elle n'est pas en tous points justifiée. Dans les rapports des pouvoirs publics avec les agents de tous ordres des services nationaux et des industries gérées par l'Etat, il n'est pas exact de dire qu'il règne un esprit absolument réactionnaire. Certes, nous ne prétendons pas que, sous ce rapport même, tout soit pour le mieux dans la meilleure des Républiques. Ajoutons encore que, dans la me-

sure où les administrations publiques font acte
d'initiative, elles y sont puissamment aidées
par le monopole qui les met à l'abri de la concurrence, et qu'aux possibilités spéciales qui
découlent du monopole correspondent manifestement des devoirs spéciaux de l'Etat-em-
ployeur vis-à-vis de ses agents. Reconnaissons
par dessus le marché que les agents des services publics ont d'autant plus le droit de
compter sur la sollicitude de l'Etat, que des
nécessités supérieures les soumettent à une
discipline plus étroite et leur interdisent un
certain nombre des facultés concédées aux travailleurs de l'industrie privée. Toutes ces considérations — et d'autres encore peut-être —
nous dispensent sans-doute d'entonner un hym-
ne à la louange de l'ad-mi-nis-tra-tion ; elles
ne vont pas à l'encontre d'un fait, savoir, que
les services publics et les monopoles d'Etat
sont souvent le terrain d'expériences sociales
impossibles ou beaucoup plus difficiles à réaliser dans les entreprises particulières.

C'est le cas, par exemple, des allocations complémentaires du salaire aux chefs defamille
nombreuses, — un système habituellement im-
praticable dans l'industrie privée, et pratiqué
par l'Etat vis-à-vis de certaines catégories
de fonctionaires, comme les douaniers.

C'est le cas des règles protectrices de la maternité dont une proposition de M. Louis Marin
nous fournit l'occasion de nous entretenir.

Jadis, M. Marin a fait voter le « congé de maternité » aux institutrices publiques. Comme il s'apprêtait à demander l'extension de ce bénéfice aux employées des P. T. T., M. Millerand lui a... coupé l'herbe sous les pieds en faisant inscrire au budget les crédits nécessaires.

Or, l'honorable député de Nancy entend non seulement que l'Etat donne l'exemple, mais que l'exemple soit suivi. Dans un important rapport à l'*Association française pour la protection légale des travailleurs*, il vient du reste de nous livrer sa tactique : ayant obtenu satisfaction pour les institutrices et pour les P.T. T., il poursuit présentement le bénéfice du « congé de maternité » au profit de toutes les femmes occupées dans les services publics ; puis il le réclamera pour un certain nombre de femmes employées dans le commerce et l'industrie privée; puis, pour les six millions de femmes qui constituent le prolétariat féminin français ; il rêve même l'établissement d'une protection légale de la maternité pour la classe du petit patronat.

Seulement, dit-il, il ne faut pas vouloir aller trop vite; ce serait le moyen de tout faire échouer. De la prudence! De la prudence !

Le malheur des temps, écrit M. Marin, m'oblige, en effet, à employer une méthode adaptée aux exigences parlementaires. Je veux dire par là que quand il s'agit de réformes qui n'ont pas un intérêt puissamment électoral, il est difficile aux Chambres élues au scrutin d'arrondissement de faire ces grandes réformes d'un seul coup. Quand ceux pour lesquels on réclame n'ont pas derrière eux des légions d'électeurs, — et, malheureusement pour le pays comme pour elles, (1) les femmes ne sont pas encore électrices, — la seule méthode qui convienne, à mon avis, la seule qui ait d'ailleurs donné en ces temps derniers des résultats, consiste à échelonner la réforme et petit à petit à arriver au but poursuivi.

A l'*Association française pour la protection légale des travaileurs*, on est plus à l'aise qu'à la Chambre. Et puis on est déchargé des soucis électoraux. On peut y aller plus carrément. M. Marin y développe, avec toute l'ampleur désirable, les principes sur lesquels doit, à son avis, reposer la législation protectrice de la maternité ouvrière.

En voici — très sèchement — la nomenclature :

1° *La loi doit assurer à l'ouvrière et à l'employée un repos d'une certaine durée lors de ses couches.* Pas de discussions possible sur ce point. La France sera, ou peu s'en faut, le dernier Etat de l'Europe à l'avoir législativement consacré. Il n'y a guère que la Russie et la Turquie pour lui disputer son rang.

(1) Sur cepoint, nous ne saurions personnellement souscrire à l'opinion de M. Marin.

2° *Ce repos doit être pris tant après l'accouchement qu'avant l'accouchement.* C'est le repos avant l'accouchement qui est le plus discuté. Il se justifie pourtant avec un tragique éclat par la multiplicité effrayante des accidents qui proviennent d'un travail professionnel poursuivi jusqu'au moment des couches.

3° *Le congé doit être fixé par la loi à une durée invariable.* Les œuvres privées et les administrations publiques peuvent proportionner le temps du repos aux besoins individuels de leurs adhérentes et de leurs fonctionnaires. La loi ne peut, au contraire, procéder que par voie de prescriptions générales. C'est un instrument brutal, grossier... tant que vous voudrez: tant pis! il faut le prendre tel qu'il est. Les parlementaires ont grand tort de ne pas s'y résigner : c'est par suite de cette erreur qu'ils chargent les lois ouvrières de dérogations... qui en sont la destruction :

Il apparaît, en ce moment, comme nécessaire aux parlementaires que le mécanisme des lois sociales soit robuste parce qu'elles doivent s'assouplir, s'adapter à l'infinie variété des cas individuels. Si, dans une loi sociale, l'on n'a pas, à l'origine, cet organisme rustique, compréhensible pour tout le monde, on risque de rencontrer dans l'application de la loi de grosses difficultés. Par exemple, dans des questions telles que celles des retraites ouvrières, de la limitation de la journée de travail à dix heures, du repos hebdomadaire, il vaut mieux sacrifier quelques détails et aboutir à une formule simple, claire, qui aura certainement, à cause de cette simplicité même, des inconvénients, mais ces inconvénients seront inférieurs à ceux d'une loi qui voudrait, par avance, régler de trop grandes variétés de cas.

4° *Ce congé doit être rénuméré.* Pour les femmes fonctionnaires, la question se résout par une inscription budgétaire. Pour les ouvrières et employées des entreprises particulières, elle est beaucoup plus troublante. Obligera-t-on les patrons à payer le temps du repos? L'Etat prendra-t-il à sa charge tous les frais du « congé de maternité » ? Faut-il instituer une assurance obligatoire à triple contribution comme les retraites ouvrières?

5° *Le congé doit-être automatique.* Il faut que l'ouvrière ou l'employée n'ait pas à le demander, — qu'elle soit sûre qu'il lui est acquis sur simple présentation d'un certificat médical attestant sa grossesse, — sûre aussi que son salaire lui sera continué.

6° *Le congé doit être divisé.* Très exactement ce sont deux congés distincts qu'il s'agit de procurer aux jeunes mères : tant de semaines avant l'accouchement, tant de semaines après l'accouchement ; pas de compensation. Chacun des deux repos à sa nécessité certifiée par les médecins. Ils ne se remplacent pas l'un l'autre.

Ces principes posés, voici comment M. Marin en conçoit l'application.

Le temps légal du repos serait arrêté à deux mois et réparti également entre les deux périodes.

Quant aux charges pécuniaires résultant de la loi, il les évalue à 60 millions de francs par an.

Il résulte des enquêtes et des statistiques que les six millions de femmes qui composent le prolétariat féminin français mettent au monde annuellement 400.000 enfants. Le salaire total annuel de ces six millions de femmes est de 65 millions de francs, ce qui représente un salaire individuel quotidien de 2 fr. 60 ou 2 fr. 65 en moyenne (les fonctionnaires et employées de l'Etat étant mises à part.) L'indemnité de maternité à attribuer lors de chaque accouchement serait donc (pour deux mois) de 150 francs environ ; et la charge totale annuelle de la réforme, de $150 \times 400.000 = 60$ millions de francs.

Où les trouver?

Personnellement, M. Marin ne cache pas ses dispositions favorables à un système d'assurance obligatoire qui comporterait — sinon une cotisation patronale — du moins une cotisation ouvrière et une allocation budgétaire. Comme député — et étant donné la nécessité d'avancer par paliers — il ne juge pas prudent de déposer dès à présent un projet en ce sens. Et ce qui le détermine encore à cette résolution, c'est

qu'ici les versements obligatoires seraient beaucoup plus difficiles à faire accepter par la po-
pulation ouvrière elle même, qu'en matière de
retraites :

La retraite, en effet, peut à la rigueur être
rendue obligatoire parce que l'on arrive à per-
suader les gens qu'ils finiront par bénéficier de
la retraite, qu'on leur montre que le risque est
en leur faveur, tandis que, pour l'assurance de
toutes les femmes envers la maternité, même de
celles qui ne sont pas mariées ou qui ont arrêté
leur maternité au premier ou au second enfant,
il est incontestable que le seul argument qui légi-
timera un prélèvement sur leur salaire est que
l'argent prélevé l'est par solidarité humaine, dans
l'intérêt des autres femmes et non dans leur propre intérêt.

Si c'est une œuvre excellente, ce n'est pas toujours un prélèvement qui sera accepté par tout le
monde, surtout par les femmes employées dans
l'industrie avec un salaire très minime.

Tant que nous vivrons sous le régime de la
scandaleuse inégalité des salaires, trop de femmes
auront un salaire insuffisant; le jour où nous
aurons changé ce regrettable état de choses, le
jour où le salaire des femmes sera égal à celui
des hommes, nous pourrons peut-être demander
avec beaucoup plus de chances de succès cette
preuve de solidarité; mais, tant que les ouvrières
n'auront pour la plupart que des salaires d'appoint, des salaires de famine, des salaires d'exploitation disons le mot : nous nous heurterons

toujours à une grande difficulté pour demander des prélèvements sur ces salaires dans un but de solidarité sociale.

Pour toutes ces considérations — dont la sagesse n'échappe à personne, — M. Marin croit qu'il convient, quant à présent, de ne pas aller au-delà d'un régime de liberté subsidiée.

Les subsides de l'Etat seraient indifféremment accordées à toutes les sociétés, quelles qu'elles soient, qui « feraient le repos de maternité » : mutualités de toute espèce, mutualités maternelles, caisses de retraites, caisses syndicales, caisses régionales, caisses départementales, caisses patronales. « Plus les formes seront variées, plus elles rendront de service, plus elles s'adapteront aux mille conditions spéciales des provinces de France et des professions. »

L'Etat subventionnerait toutes les initiatives privées, qui se plieraient aux exigences générales examinées par la loi (durée du repos, division du repos, etc...) et qui accepteraient la surveillance administrative. Et cette subvention ne serait pas inférieure au doublement des cotisations versées par les participantes.

M. Marin est persuadé qu'un si puissant encouragement pousserait un grand nombre de jeunes filles à s'inscrire dans les œuvres d'assurance, — qu'il pousserait même les parents à verser pour leurs enfants afin de leur as-

surer un petit pécule au temps où elles devien-
dront mères. Il en a pour gage l'expérience des
caisses dotales :

Vous connaissez tous ces institutions nouvelles
fondées pour ceux qui veulent s'assurer un petit
capital pour entrer dans la vie ou lorsqu'il vou-
dront se créer un foyer. Les parents peuvent verser
à ces caisses pour leurs enfants depuis l'âge le plus
tendre.

Or, j'ai vu des pères de famille qui ne voulaient
pas s'assurer eux-mêmes pour leur vieilessse, ré-
pondant: « Nous avons les bras solides, nous y
penserons plus tard », et qui, lorsqu'il s'agissait de
faire la dot de la petite fille ou de préparer un capital pour le petit garçon, acceptaient avec empresse-
ment de verser. Et même lorsqu'on leur disait,
pensant les attirer: « Nous ne demandons qu'un
franc par mois », ils répondaient en offrant de
payer davantage, afin d'assurer une dot plus forte.

Et les caisses dotales ne reçoivent pas les
abondantes libéralités budgétaires qui seraient
octroyées à la mutualité maternelle !
Voilà, certes, du bon féminisme, — un féminisme tout inspiré du souci d'aider la mère
de famille à remplir dans la société le rôle
essentiel qu'elle tient de la nature, et tout im-
prégné de ce bon sens pratique qui, loin de
refroidir le généreux enthousiasme d'une belle
cause, met à son service le plus précieux instrument de conquête et lui assure les meilleures
garanties du succès.

Nota. — A la date du 5 décembre 1912, la Chambre des Députés a adopté une proposition de loi qui comporte les dispositions suivantes :

1° La femme en état de grossesse apparente est autorisée à quitter son travail sans avoir à tenir compte d'aucun délai de préavis, et sans s'exposer à payer aucune indemnité.

2° Il est interdit d'employer les femmes accouchées, dans aucun établissement industriel et commercial, durant les quatre semaines qui suivent leur délivrance.

3° Un secours — dont le chiffre sera déterminé par les lois de finances annuelles — est accordé sur les fonds publics à une femme *française* qui se livre habituellement chez autrui à un travail salarié, pourvu qu'elle « observe tout le repos effectif compatible avec les exigences de sa vie domestique », et prenne « pour son enfant et pour elle-même les soins d'hygiène nécessaires, conformément aux instructions que lui donnera à cet effet la personne désignée par le bureau d'assistance. » Après l'accouchement, la durée du secours sera de quatre semaines. Avant l'accouchement, le secours sera accordé sur la production d'un certificat médical attestant que la postulante doit suspendre son travail. En aucun cas la durée totale du secours ne pourra excéder huit semaines. L'allocation sera réduite de moitié si la femme est hospitalisée, et durant la période de cette hospitalisation, à moins qu'elle n'ait un autre enfant de moins de treize ans.

4° Les œuvres de mutualité et d'assistance sont admises à assurer le fonctionnement des secours de maternité, suivant traités passés avec la commune intéressée et approuvés par le préfet du département.

Le texte de cette proposition a été transmie au Sénat le 10 décembre 1912.

Le 8 novembre 1912, le groupe socialiste de la Chambre a déposé une autre proposition de loi sur la protection légale de la maternité.

Le 28 janvier 1913 une autre proposition a été faite par M. Peyroux tendant à assurer aux ouvrières travaillant à domicile une période de repos et une allocation en cas de couches.

IX

Quelques Professions

Les boulangers

Huysmans rapporte qu'un soir, se promenant dans les rues de Paris, il suivit un homme qui glissait le long des boutiques « un litre dans une main, une pipe dans l'autre. »

Il rasait les murs, preste et le regard sournois. Soudain il fit halte devant une maison, poussa une porte, tomba dans un trou noir... puis il reparut dans une cave qui s'alluma au ras du trottoir.

Je vis alors, poursuit-il, au travers des grillages qui faisaient ventre, et dont mainte maille détraquée tordait ses fils en révolte, un carreau poudré de banc, une rangée de sacs, une hache, une pelle, un pétrin sur lequel s'agitaient, hurlants et blêmes, sans chemise et sans veste, deux hommes se ruant sur un monceau de pâte qui claquait sourdement alors qu'elle retombait sur le bois de l'auge. Ils geignaient, criaient des mots inarticulés, poussaient des gémissements à fendre l'âme, battaient à grands coups la purée flasque. Han! han! han! han! clac! paf! h... an! et, comme une couleuvre dont les anneaux roulent, le mastic se tordait sous leurs poings. Les corps ruisselaient, les boules des biceps dansaient dans les bras, de grosses gouttes de sueur perlaient au front et buvaient la farine amassée aux tempes. Ils tapaient dans le tas comme des furieux, puis, après un dernier cri qu'ils s'arrachèrent des entrailles, les bras cessèrent leurs moulinets, les hommes se frottèrent les doigts au-dessus du pétrin, et, saisissant les litres, ils burent à outrance, la tête renversée, la pomme d'Adam sautant, affolée, dans la peau du cou...

Les bouteilles étant vides, les hommes reprirent leur besogne acharnée dans le fournil. L'un d'eux modela la pâte, et l'autre l'enfourna dans un vaisseau de brique dont la gueule, grande ouverte, rougeoyait comme un incendie, avec son bûcher de bouleaux en flammes.

O pierrots harrassés, geindres!... suez, rognonnez et soufflez; commencez votre chant de guerre et vos danses de cannibale autour du pétrin qui crie! Bâfrez, hurlez comme des loups et buvez comme des sables; vous partagez avec le Dieu des pauvres l'élan des oraisons, ô blancs lutteurs!

Le tableau est exact. Les enquêtes les plus minutieuses en témoignent. Elles révèlent les détails les plus révoltants sur les procédés de fabrication du pain que nous mangeons, et sur

la dureté du sort du prolétariat de la boulangerie.

Le travail de nuit et le pétrissage à bras
sont les deux coupables... les deux complices :
car la responsabilité est solidaire ; on reconnaît
en effet, que la suppression du travail de nuit
entraînerait la substitution du pétrissage mécanique au pétrissage à bras ; et c'est pourquoi
la proposition de loi de M. Justin Godart — qui
nous fournit l'occasion de plaider aujourd'hui
la cause des « mineurs blancs » — ne s'attaque
directement qu'au travail de nuit. (1)

La boulangerie est une profession meurtrière.
La plupart des garçons boulangers sont de ru-
des gaillards : on les recrute à la campagne
et on les attire à la ville par l'appât de salaires élevés ; ils travaillent quelques années dans
le fournil; et puis le fournil les rejette épuisés,
à bout de forces; et ils s'en vont finir une existence misérable dans d'autres métiers, quand
ce n'est pas à l'hospice ou à l'hôpital : que l'on
songe que la proportion des garçons boulangers
de plus de trente ans n'est que de 30 pour cent!

Voilà pour la vie du corps. Et la vie de l'esprit?

(1) Dans le but d'encourager directement les boulangers à renoncer au pétrissage à bras, la loi de
finances du 27 féprier 1912 a exonéré pour cinq
ans les patrons qui n'emploient pas plus de
deux ouvriers du supplément de patente résultant
de l'adoption du pétrin mécanique.

Il existe sur le compte des boulangers un dicton très irrévérencieux que je me garderais bien de reproduire si, par dessus la tête des « mineurs blancs » il n'atteignait d'autres coupables, — les consommateurs, nous tous —. On dit que, pour faire un bon boulanger, il suffit d'être grand, gros, fort... et bête... Croyez-vous que cela développe beaucoup l'esprit de lutter contre la pâte à la force des muscles durant toute une nuit, de courir encore par les rues de la ville au petit jour pour faire le portage, d'escalader des étages et d'essuyer la mauvaise humeur des cuisinières et des femmes de chambre?

Est-ce qu'il y a une vie de famille possible pour l'ouvrier boulanger ; et son existence anormale n'est-elle pas une provocation à l'immortalité et à la débauche? Est-ce qu'il y a une vie sociale, une vie civique possibles pour l'ouvrier boulanger ; et ne comprenez-vous pas que privé de tout ce qui rattache l'homme à une vie supérieure et le soutient, dans l'accomplissement du devoir quotidien, il s'abandonne, découragé et dépravé, aux grossières jouissances de l'ivresse et de l'alcoolisme, qui, en abrutissant son esprit, lui font oublier ses souffrances, et consomment dans sa personne physique et dans son âme les ruines commencées par son labeur inhumain?

Nous avons des devoirs envers les travailleurs qui fabriquent notre pain de chaque jour.

Nous sommes responsables des souffrances qu'ils endurent pour la satisfaction de nos caprices, — responsables de leur mort ou de leurs infirmités précoces, — responsables de leur vie de famille désorganisée, — responsables de la débauche et de l'alcoolisme où ils cherchent une compensation à la dureté du sort que nous leur faisons —, responsables du désordre social dont le travail de nuit est le principe. Et si nous ne savons pas tout cela, et si nous n'y pensons pas, et si nous ne mettons pas tout en œuvre pour y changer quelque chose, nous sommes responsables encore de notre ignorance et de notre indifférence, car nous n'avons qu'à ouvrir les yeux pour voir et à ouvrir notre cœur pour compatir, pour vouloir et pour agir.

Nous nous faisons du travail l'idée d'un devoir à remplir, d'un honneur qui grandit l'homme, d'une expiation qui l'associe à l'œuvre rédemptrice de Dieu dans le monde. Comment ne maudirions-nous pas cette odieuse caricature du travail humain qui, par l'abus des forces physiques et le bouleversement des lois de la nature, dégrade l'homme au lieu de l'élever et le précipite dans cet état de misère imméritée — misère matérielle et misère morale — contre lequel s'éleva la voix immortelle du pape Léon XIII.

Nous avons le respect du pain — cet aliment substantiel que le Christ lui-même nous a appris à demander à Son Père —, cet aliment mystique qu'Il bénit et distribua à ses disciples, et par lequel nous communions à Son Corps et à Son Sang. Ah! si tous les dons de Dieu sont précieux, n'est-il pas parmi les plus précieux, le pain qu'Il nous prépare par les mains de nos frères les mineurs blancs? Et si nous devons aimer tous les hommes, comment n'aurions-nous pas une prédilection pour les humbles artisans de notre pain, et ne nous sentirions-nous pas joyeux de faire descendre ce soir, dans les réduits où ils préparent notre nourriture de demain, un rayon d'espérance?

Qu'allons-nous faire?

Pas d'hésitation! Le travail de nuit — et après lui le pétrissage à bras — ne disparaîtra que quand une loi l'aura décrété.

Cette loi existe en Norvège, en Finlande, en Italie, dans le canton du Tessin; elle existerait dans le canton de Genève si les boulangers génevois ne l'avaient fait échouer sur cette observation que le marché du canton risquerait d'être envahi par le pain fabriqué la nuit de l'autre côté de la frontière... française.

En France, les ouvriers boulangers réclament au moins depuis le d'but du XVIII° siècle. Ils traduisirent alors leurs doléances dans une complainte dont il faut lire au moins quelques vers :

Lecteur, écoute un peu, rumine et considère
Les plaintes que je fais de ma propre misère;

Je vais par ce discours te faire envisager
Les maux qu'il faut souffrir quand on est bou-
[langer.

. . . .

On n'a point fait pour nous l'ordre de la nature;
La nuit, temps de repos, est, pour nous, de torture;
On commence, chez nous, dès le soir, les journées;
Arrive qui voudra, faut, de nécessité,
Passer toutes les nuits dans la captivité

. . . .

Jugez s'il fut jamais métier devant le monde,
S'il fut jamais emploi sur la terre et sur l'onde,
Soit parmi les Français, soit parmi l'Etranger,
Comme d'être à Paris un garçon boulanger.

La complainte n'émut pas les pouvoirs publics. Il faut arriver jusqu'à la Commune pour rencontrer une mesure quelconque en faveur des ouvriers boulangers.

Un décret du 20 avril 1871 interdit le travail de nuit dans la boulangerie. Il ne fut jamais appliqué. Un groupe de garçons boulangers de Paris lança un manifeste. Ce fut un succès de fou rire... M. Francisque Sarcey réclama la suppression du travail de nuit pour les sergents de ville...

Aujourd'hui la campagne se concentre autour du projet de M. Justin Godart portant interdiction du travail dans la boulangerie de 9 heures du soir à 5 heures du matin, sous réserve des dérogations indispensables. (1)

Son apparition provoqua, bien entendu, la même explosion de traits d'esprit sous laquelle s'était effondrée, trente sept ans plus tôt, la pétition des boulangers parisiens : M. Godart veut nous mettre dans le *pétrin!* M. Godart fait un *four! M.* Godart n'est vraiment pas un homme de sens *rassis!...* Quant à l'archevêque de Paris qui s'est interposé en cette affaire, il a scellé l'alliance de la *mitre* et des *mitrons....*

Rendons justice à notre temps : le ridicule ne tue plus en France; les Français prennent l'habitude de raisonner sérieusement des choses sérieuses.

Déjà la cause des « mineurs blancs » est devenue populaire. Elle a groupé des initiatives venues des points les plus opposés de l'horizon politique et religieux : de M. Godart au comte de Mun, qui, tous deux, sur l'invitation de Marc Sangnier, donnaient leur adhésion au Congrès organisé par la coopérative *Le Pain de Jour.*

L'idée de la suppression du travail de nuit dans la boulangerie fait son chemin. Mais elle a besoin de l'appui de l'opinion publique. Et il dépend un peu de chacun de nous de « faire l'opinion ».

(1) Présentée au cours de la précédente législature et reprise le 9 juin 1910, la proposition de M. Godart a été adoptée par la commission d'assurance et de prévoyance sociales de la Chambre.

Les employés

Voici l'hiver.

Rude saison pour les employés de commerce.
Les affaires battent leur plein. Il faut redou-
bler d'activité : faire chaque matin provision
de patience et de bonne humeur pour contenter
la clientèle, arriver de bonne heure au magasin pour disposer le comptoir, rester très tard
pour réparer le désordre, manger très vite,
dormir très peu, travailler très fort... Rude
saison que l'hiver pour les employés de commerce!

Les plus jeunes ou les nouveaux venus sont
préposés à la vente en plein air. La neige est
à peine balayée que déjà ils étalent leurs tré-
taux tout le long du trottoir. Et cela fait, durant douze heures interrompues seulement par
le temps du repas, se relayant d'équipe en équi-

pe si la maison dispose d'un personnel suffi-
sant, — ils montent la garde devant des régiments de mannequins ou des pyramides de boi-
tes de conserve. Le soir, ils grelottent encore
dans leur lit, tant le froid les a pénétrés. Le
lendemain, leurs gros doigts boudinés et gercés
ne pourront plus serrer le crayon de leurs car-
nets. Toussant, frissonnant, transis, ils continue-
ront quand même en attendant les beaux jours,
si leur constitution résiste aux intempéries. Sinon l'hôpital.

— Pourquoi ces souffrances inutiles?

— Ainsi veulent la liberté du commerce, la
loi de la concurrence, et les caprices du public.

J'oubliais! Il y a le dimanche... Une loi a décrété que les employés de commerce se repo-
seraient le dimanche... Oui, mais il y a aussi les
dérogations; et à nulle époque on ne déroge autant qu'aux alentours de Noël et de Jour de l'An.
Que voulez-vous? Il faut bien donner des étren-
nes à ses neveux et faire descendre le petit
Jésus dans les mignonnes pantoufles des chéris
qui dorment en rêvant aux Anges!

C'est que la plupart des lois protectrices du
travail sont étrangères aux employés. Pour eux,
notamment, point de limitation des heures de
travail. Ce doit leur être une compensation suffisante de porter le faux-col et la jaquette.

Tout de même, ils commencent à en avoir
assez de cette plaisanterie! Ils forment précisément la corporation où la règlementation lé-

gale rencontre le moins d'obstacle — le sans-
gêne du public mis à part. Dans l'industrie,
les patrons peuvent encore se plaindre que l'a-
bus de la règlementation les mette en inférió-
rité vis-à-vis de la concurrence étrangère :
encore pouraient-ils se souvenir qu'ils sont
protégés par les douanes contre cette concurrence. Mais les commerçants? ce n'est pas parce
que les magasins resteront ouverts deux heures
de plus à Metz qu'à Nancy que je prendrai le
train pour acheter une paire de gants. Du reste, c'est le contraire qui se produit : c'est la
législation allemande qui est rigoureuse, et la
législation française qui est... inexistante.

Combien d'heures de travail fournit quoti-
diennement l'employé de commerce? — Voici
le résultat des statistiques :

Les employés de bureau ne donnent guère,
en moyenne, que huit ou dix heures : ce sont
les privilégiés. Les employés des grands magasins donnent en moyenne 12 heures 1/2 **au**
Hâvre, 12 heures 3/4 à Lyon, 13 heures 1/2 **à**
Nice; à Paris leur journée est de 11 à 12 heures,
mais les garçons de magasins, livreurs, etc, ne
donnent pas moins de 14 heures. Dans le petit
commerce c'est bien pis. Et je ne parle **pas**
des catégories les plus disgrâciées : les commis
de pharmacie qui sont astreints à 16 heures de
présence, sans compter les exigences du service de nuit; les garçons de cafés et de restau-

rants qui ne font guère moins de 14 heures.

Et l'alimentation !

A Nancy, m'écrit un commis d'épicerie, la plu_
part des maisons ouvrent leurs magasins à 6
heures 1/2 du matin et ferment de 9 heures à
10 heures du soir selon les quartiers, Les samedis,
le travail se prolonge plus tard encore.

Cela fait quinze heures de travail, les samedis mis à part. Il y a bien l'interruption des
repas : mais c'est parfois un leurre. Ecoutez
plutôt :

Nous sommes presque toujours nourris à la
maison. Dans les maisons les plus importantes,
les commis sont répartis entre deux services.
Dans les petites, au contraire, les employés man-
gent avec les patrons. Qui de nous ne connaît le
bruit énervant de la sonnette qui se fait entendre
à la seconde cuillère de potage et qui ne cessera
plus jusqu'à la fin du repas ?

Ce n'est pas tout.

Il existe des magasins d'épicerie, en grand nombre, qui vendent des primeurs de toutes sortes.
Je suis justement commis dans un de ces magasins,
et chargé des achats au marché . Le marché se
tient trois jours par semaine à des heures variables
suivant les saisons: 4 mois d'hiver à 6 heures
du matin, 4 mois de printemps à 5 heures, 4 mois
d'été à 4 heures.

Je n'oserais pas me féliciter d'y arriver le premier ; mais, c'est égal- je vois mes heures de
travail aller à 18 par jour...

Félicitons notre ami, puisqu'il n'ose pas se féliciter lui-même. Mais surtout souhaitons-lui, ainsi qu'à ses collègues, un peu moins de mérite et beaucoup plus de sommeil.

Or, de quel côté nous tourner, si ce n'est vers la loi?

Déjà une foule de législations étrangères ont entrepris la limitation des heures de travail des employés de commerce : Allemagne, Angleterre, Danemark, Norvège, Russie, Australie, Canada... En Autriche, le statut légal des employés de commerce vient d'être réglé par deux lois des 14 et 16 janvier 1910, dont l'importance est telle que je n'hésite pas à en analyser le contenu :

La première a pour objet la limitation des heures de travail.

Un repos quotidien minimum de onze heures est prescrit pour tous les employés de commerce, y compris les employés des maisons d'expédition et de vente annexés apx établissements de production; il est réduit à dix heures pour les cochers des maisons d'expédition.

Les magasins ne peuvent ouvrir avant 5 heures du matin ni fermer après 8 heures du soir (9 heures pour les magasins de produits alimentaires). L'autorité administrative peut reculer l'heure d'ouverture ou retarder l'heure de fermeture.

La durée du repos de midi est fixée à une heure; elle est portée à une heure et demie quand le travail dure plus de quatre heures après midi et que le repas doit être pris hors de l'établissement.

Deux sortes de dérogations sont prévues : les unes en faveur des stations balnéaires, les autres en faveur de tous les commerçants pour causes spéciales (inventaire, foires, force majeure, etc.) et seulement pendant trente jours par an.

La même loi stipule que les employés ont droit à une rémunération convenable pour les heures supplémentaires.

Elle oblige enfin les commerçants à mettre des sièges à la disposition des demoiselles de magasin.

La seconde loi règlemente le contrat de travail ou louage de service des employés de commerce.

Elle donne force obligatoire aux contrats collectifs.

Elle donne à l'employé le droit de toucher son salaire pendant six semaines lorsqu'il est empêché de remplir ses fonctions pour cause de maladie ou d'accident, et pendant quatre semaines lorsqu'il en est empêché par le service militaire.

Elle règlemente la question des commissions.

Elle accorde aux employés des vacances : dix jours après six mois de services, deux semaines après cinq ans, trois semaines après quinze ans.

Elle fixe le délai du congé à défaut de convention ou d'usage local à cet égard : il doit être donné à la fin d'un trimestre de l'année civile, avec préavis de six semaines. La convention ne peut réduire le préavis au-dessous d'un mois. Et le délai doit être égal pour les deux parties. La loi énumère elle-même les motifs graves qui permettent respectivement aux parties de se donner congé sans respecter les délais.

Enfin il est interdit aux patrons d'imposer des « clauses de concurrence » (1) aux employés mineurs et à ceux dont le salaire n'excède pas 4.000 couronnes.

C'est, on le voit, un véritable *code de l'employé* qu'a édifié le Parlement autrichien.

— Et le Parlement français, qu'a-t-il fait?

— Oh! pas grand'chose : la loi des sièges, la loi sur le repos hebdomadaire, une loi (30 avril 1909) portant interdiction de certains travaux dangereux aux femmes et aux enfants dans les établissements commerciaux, une loi étendant aux employés le bénéfice de la légis-

____

(1) Il s'agit de cette convention fréquente aux termes de laquelle l'employeur stipule de son employé qu'à l'expiration de son engagement et dans un certain délai il n'ouvrira pas une maison concurrente.

lation des accidents du travail, — et puis, des projets, — oh! des masses de projets!

Celui sur lequel se concentre aujourd'hui l'attention publique est le projet du comte de Mun. Je veux, en terminant, l'exposer à grands traits. (1)

Le principe est la limitation de la journée de travail à dix heures pour toute personne employée « dans les établissements commerciaux, c'est-à-dire dans les magasins, boutiques, bureaux du commerce et de l'industrie, les restaurants, cafés, laboratoires, cuisines, caves, chais, fournils et leurs dépendances, de quelque nature qu'ils soient, publics ou privés, laïques ou religieux, même lorsqu'ils ont un caractère de bienfaisance ou d'enseignement. »

L'application de ce principe comporte un certain nombre de précisions — d'extensions — et d'exceptions.

(1) M. Justin Godart est désigné comme rapporteur de la proposition de M. de Mun. Indépendamment de la proposition de M. de Mun. la Chambre est saisie d'un projet gouvernemental « tendant à établir un repos ininterrompu pour le personnel des magasins et des bureaux », et d'une proposition de M. Ghesquière qui comporte l'extension aux employés de commerce du décret de 1848 (journée de douze heures).

Précisions — 1°) La journée de travail de tout employé doit être coupée par un repos d'au moins une heure et demie et suivie d'un repos d'au moins onze heures.

2°) Sauf les dérogations fixées par un règlement d'administration publique, aucun établissement ne pourra être ouvert ni avant 5 heures du matin ni après 9 heures du soir. Les dérogations — lesquelles ne pourront être accordées qu'autant qu'elles sont « indispensables » — ne s'appliqueront jamais aux enfants de moins de dix-huit ans.

3°) Le projet établit la « semaine anglaise » (1) : dans les maisons de gros, la durée du travail est limitée à huit heures le samedi, et ne peut se prolonger au-delà de 4 heures après midi; dans les maisons de détail et dans celles des maisons de gros qui auraient obtenu une dérogation, la journée de travail sera réduite à huit heures un jour quelconque de la semaine.

Ces trois règles sont communes à tous les établissements; les prescriptions qui suivent ne concernent qu'une partie d'entre eux.

Extensions. — 1°) Dans toute commune le

(1) Une seconde proposition de M. de Mun prescrit « la semaine anglaise » dans les établissements industriels: elle comporte, en principe, la suspension du travail durant tout l'après-midi du samedi.

conseil municipal peut fixer les heures d'ouverture et de fermeture de toutes les maisons
de commerce qui font le même genre d'affaires. Il est tenu de procéder ainsi chaque fois
qu'il en est requis par un chef d'entreprise ou
par un syndicat d'employés. Le règlement est
obligatoire dès l'instant qu'il n'a pas été frappé
d'opposition dans le délai d'un mois par le
tiers des employeurs intéressés.

2°) Sauf dérogations accordées par décret,
la fermeture du dimanche et des jours fériés
est obligatoire dans toute commune de plus
de 4.000 habitants.

Exceptions. — En dehors des dérogations
déjà prévues, le travail des employés pourra
être porté à douze heures pendant soixante
jours par an, à la suite d'une autorisation donnée par décret après consultation des chefs
d'établissements et des syndicats professionnels intéressés. En pareil cas les heures supplémentaires donneront lieu à une rémunération
spéciale.

On n'ignore pas que le projet de M. de Mun
a reçu l'approbation d'un grand nombre de
groupements d'employés. Les commerçants ne
peuvent, au fond, que souhaiter son adoption :
lorsque les employés veillent, les patrons veillent aussi... et souvent plus tard que ceux-
ci : car, la journée finie, l'employé rentre chez
lui et oublie sa boutique; le patron, lui, est

rivé à une lourde responsabilité qui souvent prolonge ses veilles et trouble son repos.

Alors, où est l'obstacle?

— Dans l'égoïsme de la clientèle!

Car c'est toujours là qu'il faut en venir : si l'employé de commerce a été tenu jusqu'ici en dehors de la protection légale accordée aux ouvriers, c'est parce que les ouvriers ne sont en rapport qu'avec les patrons, tandis que les employés sont en rapport avec le public; or le public est beaucoup plus dur aux travailleurs que les patrons.

Et le public, c'est nous.

Concluez.

Les ouvrières en confection

Celles qu'on oublie ! Quel est, parmi nos lecteurs, celui qui n'a pris part à quelqu'un des nombreux meetings de protestation organisés par nos amis contre l'abominable exploitation dont elles sont victimes ? Qui n'a visité nos expositions du travail à domicile, véritables musées de la misère que nous promenions de ville en ville et de quartier en quartier? Qui n'en est revenu le cœur serré, et la volonté toute tendue vers les nécessaires et urgentes réformes législatives qu'appelle les conditions misérables de *celles qu'on oublie ?*

Celles qu'on oubliait, faudrait-il dire aujourd'hui. Car, tout de même l'opinion publique s'est émue. Parallèlement à nous, et souvent en collaboration avec nous, des associations de toutes sortes se sont mises en campagne : *la Ligue Sociale d'acheteurs, l'Association fran-*

çaise pour la protection légale des travailleurs...
Le comte Albert de Mun — dont on trouve le
nom vénéré à la tête de toutes les entreprises
de la générosité sociale — a déposé une proposition de loi portant établissement d'un salaire
minimum dans les industries à domicile. Et au
moment même où notre camarade Paul Boyaval élevait à la même cause un énorme monu-
ment de science et de patience (1), le gouvernement annonçait son dessein de déposer un
projet de loi analogue — sinon identique —
à celui du comte de Mun.

Ne nous attardons ni à des enquêtes et des
statistiques aujourd'hui bien connues, ni surtout à des descriptions pathétiques ou à des
considérations de sentiment. « Je n'aime pas
faire de la poésie sur la souffrance d'autrui »,
s'écriait un jour Marc Sangnier à l'ouverture
d'une conférence en faveur des ouvrières de
l'aiguille. Parlons plutôt économie pure ; et
enquérons-nous des causes et des remèdes.

(1) Paul Boyaval, *La lutte contre le Sweating
System*, Paris, Alcan, 1911.

(1) Indépendamment de la proposition de M. de
Mun et du projet du gouvernement, signalons la
proposition de M. Engerand (23 juin 1910) « tendant à protéger les salaires des travailleurs et
travailleuses à domicile », et celle de M. Durafour
(la plus récente) qui n'établit le minimum de
salaire que pour les travailleurs à domicile de
l'industrie du ruban et de la soierie.

I

Tout d'abord, gardons-nous d'accuser trop sévèrement l'avidité barbare des directeurs de magasins. Qu'on s'afflige de leur excès d'indifférence : soit ! Mais qu'on n'oublie pas que, sous notre régime de libre concurrence, n'est pas *bon patron* qui veut. La loi de la concurrence fait peser sur les chefs d'industrie une solidarité brutale. Il faut faire comme les autres... ou se ruiner. Un financier anglais du XVIe siècle, Gresham, étudiant le régime monétaire, affirmait que « la mauvaise monnaie chasse la bonne ». Combien il est vrai de nos jours que « les mauvais patrons chassent les bons » !

Ce qu'il faut accuser, c'est le gouvernement tyrannique de l'intérêt et du lucre sur le terrain des affaires, et son insupportable prétention d'échapper au contrôle de la justice et de la morale, et de réaliser, par le simple équilibre des égoïsmes déchaînés, l'ordre, la paix et la prospérité sociale. Voilà l'erreur.

Contre l'ouvrière en confection, tous les intérêts se coalisent.

D'abord l'intérêt du consommateur. Que cherche-t-il ? Le bon marché ! Que lui importe que ce bon marché soit la rançon des privations cruelles, des veillées meurtrières, des ménages négligés, des enfants moralement abondonnés, des santés anémiées, de ce scandale social d'un labeur de douze et de quinze heures pour vingt sous ? Est-ce que tout cela compte pour moi, le client ; et quand on m'offre un complet à 29 fr. 95, serai-je assez naïf pour tenir à le payer 35 francs ?

L'intérêt du prolétariat. Certains hommes ont toujours aux lèvres la solidarité de classe. Dites donc quel intérêt peut avoir un typographe payé 6 ou 7 francs par jour, au relèvement des salaires des ouvrières en confection ? Son intérêt, c'est de se procurer le maximum de jouissance au moindre prix ; moins il dépensera pour ses vêtements et plus il lui restera à dépenser pour son logement, pour son instruction... ou tout simplement chez le mastroquet ; et moins les ouvrières seront payées, plus bas sera le prix des vestons, des pardessus et des casquettes. Son intérêt, c'est que certaines classes de travailleurs s'enfoncent davantage dans la misère pour procurer le bonheur des autres.

Enfin, ô dérision ! la loi de l'intérêt fait des ouvrières elles-mêmes les rivales les unes des autres. Elles se diputent le travail. C'est à qui consentira les réductions de salaire les plus extrêmes. Alors intervient le grand facteur de la désorganisation : la concurrence des ouvrières qui, étant mariées ou même rentières, ne recherchent dans le travail de l'aiguille qu'un salaire d'appoint, celles-ci pour arrondir le budget du ménage, celles-là pour aller jouer à la

« dame » aux bains de mer à la saison prochaine. C'est elles qui, disposant pour vivre d'autres ressources, sont en mesure d'offrir les plus forts rabais. Et, dans toute la mesure où leurs offres suffisent à la production, c'est elles qui fixent le taux des salaires.

Il faut s'élever avec la dernière énergie contre cette concurrence — moins des femmes mariées : elle se justifie par la trop fréquente insuffisance des salaires de leurs maris, — du moins contre celle des « amateurs ». Ah ! ce sont de bonnes économistes libérales, ces dames ! des vraies ! des pures ! Dites-leur que pour la satisfaction de leur vanité elles arrachent le pain de la « professionnelle » ; que pour se payer un bracelet en clinquant, ou pour établir sur leurs chapeaux tout une volière empaillée, ou pour s'offrir un billet de bains de mer, ce n'est pas elles qui, durant quelques mois travailleront quelques heures sur leur machine à coudre, mais des centaines de malheureuses qui, durant toute l'année, et sans prendre presque le temps de manger et de dormir, s'épuisent et se meurent d'anémie et de tuberculose ; demandez-leur de mettre en balance leurs petits plaisirs avec les souffrances effroyables auxquelles elle ne veulent penser ni croire pour « ne pas se faire du mauvais sang » ; faites appel à leur cœur afin qu'elles se privent un peu de leur superflu pour rendre un peu du nécessaire à celles qui manquent de tout ; — elles vous répondent : « Les affaires sont les affaires ; on ne fait pas les affaires avec du sentiment ! »... Ou si elles ne vous le disent pas, elles se comportent comme si elles vous le disaient : ce qui revient au même.

II

Le remède ? Sans mépriser ni l'action syndicale, ni l'effort coopératif, ni l'intervention des consommateurs organisés, on est bien obligé de réclamer l'intervention de l'Etat. Et, dans les conditions où s'effectue le travail de *celles qu'on oublie,* il n'est guère d'intervention légale efficace que la fixation d'un minimum de salaire.

Déjà l'Australie a donné l'exemple ; plus récemment la libérale Angleterre est entrée dans la même voie. Les diverses associations que nous citions en débutant convient le Parlement français à en prendre le même parti.

La proposition de M. de Mun (2 avril 1909) consiste dans l'établissement de comités régionaux de salaires élus moitié par les employeurs, moitié par les travailleurs à domicile de chaque profession ; chaque comité professionnel fixerait au moins une fois par an, par localités et par catégories de travaux, des salaires minima ayant pour base une moyenne suffisante de gain horaire. Les tarifs ainsi établis par les comités régionaux seraient révisés et coordonnés par un comité central composé de délégués de ces comités régionaux. Pour assurer le contrôle, les entrepreneurs seraient tenus d'inscrire sur un registre spécial les noms et adresses de leurs ouvriers et ouvrières à domicile, la nature et la quantité de leur travail et le salaire payé; ces indications seraient reproduites sur un livret individuel délivré à chaque travailleur à domicile. Quant à la sanction, elle consisterait d'une part dans la faculté ouverte à l'ouvrier ou l'ouvrière lésé de poursuivre le complément de son salaire, d'autre part dans une amende infligée par le tribunal correctionnel à la requête soit du ministère public, soit des syndicats professionnels, dont l'intervention se justifierait ici par les mêmes considérations que nous avons déjà développées à propos des conventions collectives et de l'inspection du travail.

Le projet du ministère du travail (3 novembre 1911) est moins hardi. Au lieu de créer des organismes nouveaux, il confie la fixation des salaires minima aux conseils de prud'hommes, dont la tâche consisterait simplement à s'assurer que le salaire aux pièces de l'ouvrière travaillant à domicile n'est pas inférieur à celui « d'une ouvrière de la région payée à la journée ou à l'heure et non qualifiée, c'est-à-dire exécutant communément et sans spécialisation professionnelle déterminée les divers travaux courants de la profession ». Des moyens de contrôle et de sanctions sont institués qui ne diffèrent que dans le détail de ceux qu'a proposés M. de Mun.

Nous ne pouvons, à la fin de cette longue chronique, songer à entreprendre une comparaison minutieuse entre les deux textes. Nos préférences sont évidemment pour le texte le plus compréhensif et plus énergique du vaillant député du Finistère : il embrasse de plus nombreuses catégories de travailleurs : l'ensemble des travailleurs à domicile, tandis que le projet ministériel ne vise que les femmes employées dans la lingerie, la broderie à la main, les vêtements, chapeaux, chaussures et fleurs artificielles ; — il fixe le minimum légal au salaire de *l'ouvrier de capacité moyenne* qui travaille à l'heure dans la même région ; d'après le projet gouvernemental, le salaire minimum serait celui de *l'ouvrière non qualifiée* ; etc... Mais nous ne sommes pas partisan du tout ou rien ; et, pour avoir l'appui du gouvernement, on peut bien concéder quelque chose...

Ce qu'il nous plaît en tout cas de constater, c'est le succès d'une ardente campagne d'opinion qui a soulevé notre pays au-dessus de la préoccupation un peu étroite des intérêts strictements économiques de son industrie, et dont l'écho a pu se répercuter jusqu'au travers des portes capitonnées du cabinet de M. Caillaux.

C'est un encouragement pour les campagnes que nous aurons à entreprendre dans l'avenir...

Vers la Transformation du Salariat

Les actions de travail

Indépendamment des partisans de l'expropriation violente ou légale, avec ou sans indemnité, il est une foule d'économistes qui acceptent l'idée d'une transformation du salariat dans le sens d'une accession progressive des ouvriers à la propriété de leurs instruments de travail et à la direction même de ce travail.

Nombreuses sont les voies proposées pour conduire à ce but.

Les uns placent leur confiance dans l'extension des coopératives de production qui, suivant eux, supplanteraient peu à peu les entreprises patronales et capitalistes. Les autres ne croient qu'au syndicat, dont l'ingérence croissante dans la direction du travail et dans la répartition des bénéfices d'exploitation préparerait une organisation autonome du prolétariat. L'Ecole de Nîmes tient pour les coopératives de consommation dont la destinée serait d'amener une appropriation méthodique des ateliers de production par la clientèle organisée, supprimant ainsi la fonction intermédiaire et coûteuse du patron. Le contrat collectif du travail, et la commandite ouvrière qui peut en être la suite, sont, eux aussi, considérés, à juste titre, comme les germes d'une rénovation sociale dont il est impossible de prévoir la lointaine répercussion.

La seule chose qui puisse être affirmée avec certitude, nous semble-t-il, c'est que les formes actuelles de la vie économique évoluent vers un avenir qu'il nous est parfaitement impossible de décrire à l'avance. Les tendances démocratiques s'essaieront longtemps dans les cadres juridiques nouveaux qu'a inventés déjà et qu'inventera sans cesse l'ingéniosité des hommes de science et des hommes d'affaires. Il s'en faut de beaucoup que nous soyions sortis de la période des expériences. Et rien ne serait plus téméraire à l'heure actuelle que d'assurer la fécondité des unes à l'exclusion des autres. Il y a nécessairement quelque désordre dans ce travail de la société économique qui cherche à s'alléger des formes désuètes et à en découvrir de nouvelles. Gardons-nous de le regretter et de souhaiter à l'encontre de toutes les lois de la vie, des précisions hâtives que les évènements se chargeraient sans doute de déjouer.

C'est avec cette prudence que nous examinerons l'un des organismes les plus dernièrement proposés en vue d'élever les travailleurs au-dessus de leur condition de salariés: le système des *actions du travail*. On dit que M. Briand aurait eu un faible pour lui.

Il ne s'agit nullement d'une participation *individuelle* de quelques ouvriers actionnaires, mais d'une participation *collective* des ouvriers d'une entreprise, à la direction et aux bénéfices de cette entreprise.

La première méthode encourt tous les reproches qui ont fait et continuent à faire l'impopularité des syndicats jaunes : l'accession individuelle de quelques travailleurs à la classe capitaliste peut être très avantageuse pour eux-mêmes; elle ne change absolument rien aux rapports que le régime économique actuel établit entre le prolétariat et la classe capitaliste.

La seconde fait l'objet de deux propositions de loi : l'une de M. Antonelli, rédacteur en chef de *La Démocratie sociale;* l'autre, de M. Justin Godart, député du Rhône.

Voici le projet Antonelli dans ses dispositions essentielles :

Il peut être stipulé dans les statuts de toute

Société anonyme que la Société prendra la quali-
fication de Société anonyme à participation ouvrière.

En pareil cas, le quart au moins du capital
social sera représenté, non par des apports en
argent, terrains, brevets, études préalables,
etc..., mais par des actions de travail appar-
tenant à la collectivité des ouvriers de l'entreprise, et conférant à leurs possesseurs des
droits identiques à ceux des détenteurs des
autres actions.

Les actions de travail sont propriété collective
de tous les salariés actifs de la Société, y travaillant d'une façon permanente et depuis un certain
temps Dans aucun cas, le délai de stage ne
pourra excéder une année.
Tant que la Société existe chaque travailleur
considéré isolément n'a aucun droit de propriété.

Lors de la dissolution de la Société, l'actif
social est d'abord employé à rembourser les
actions payées en numéraire et en apports en
nature. Le surplus est partagé également entre
tous les actionnaires, au *prorata* du nombre
de leurs actions : actions de capital ou actions
de travail.
L'action de travail est donc assimilée à
l' « action de jouissance » donnée aujour-
d'hui à l'associé dont l'apport a été remboursé
à la suite d'un tirage au sort : cet actionnaire
a droit aux dividendes, mais déduction faite

des intérêts de son capital qui lui a été rendu : il a droit à participer au partage de l'actif social, mais après prélèvement d'une somme égale au montant des apports non encore restitués.

Tel est le projet Antonelli. Il ouvre une faculté aux sociétés anonymes : il les laisse *libres* d'en user ou de n'en pas user.

Plus hardi est le projet Justin Godart : ce qui n'est qu'une faculté dans le premier, devient une obligation dans le second; toute Société anonyme est *contrainte* d'attribuer un certain nombre de ses actions à la collectivité des travailleurs qu'elle emploie.

Pour justifier cette obligation, M. Godart raisonne de la sorte :

Pourquoi les capitalistes remboursés de leurs mises gardent-ils une *action de jouissance* au lieu d'être purement et simplement exclus de la Société ? Parce que, si la Société a fait de bonnes affaires, l'actif social est plus riche, lors du remboursement qu'il ne l'était quand il tenait tout entier, au début, dans la somme des billets de banque apportés par les associés. Chaque action vaut désormais la mise qu'elle a représentée plus quelque chose encore : une part dans l'excédent. C'est ce quelque chose de plus, cette part dans l'excédent, qui est représenté paé l'*action de jouissance* gardée par l'associé remboursé de son apport. Et c'est pourquoi cette action de jouissance est rémunérée sur les bénéfices et participe à la liquidation de la Société de la manière qui a été exposée plus haut.

Mais, poursuit M. Godart, cet excédent que représentent les *actions de jouissance*, la richesse nouvelle créée et conservée en cours d'exploitation sociale, est le résultat de la collaboration des capitaux apportés par les associés et du travail fourni par les ouvriers. Il n'est donc pas juste que les capitalistes se l'approprient intégralement. Les *actions de jouissance* doivent être partagées : moitié aux actionnaires remboursés, moitié aux travailleurs salariés.

Le salaire est l'intérêt d'un apport de travail comme l'intérêt est le salaire d'un apport de capital. Salaires et intérêts étant réglés, le reste — les dividendes proprement dits — doit être également partagé entre les associés et les ouvriers. Des difficultés s'opposent à ce partage tant que le capital des actions n'a pas été remboursé : le remboursement une fois fait, rien de plus simple : il suffit de décider que, pour deux actions remboursées, le capitaliste ne recevra qu'une *action de jouissance* ; la seconde *action de jouissance* sera pour les ouvriers.

Maintenant, rien n'oblige actuellement les sociétés par action à procéder à une amortissement quelconque. Au lieu de faire des ré-

serves pour l'amortissement de leurs actions,
elles sont libres de distribuer chaque année
de plus gros dividendes. Et il est bien à craindre qu'elles ne fassent ainsi, si on veut les
forcer à partager avec leurs ouvriers le bénéfice de l'amortissement. Allez dire à une
assemblée d'actionnaires : « Voici 200.000 fr.;
si vous les distribuez en dividendes, ce sera
pour vous; si vous les employez à amortir,
vous allez tout de suite remettre 100.000 fr.
d'actions de jouissance à vos ouvriers » Vous
verrez bien ce qu'elle fera, l'assemblée des actionnaires !

— Qu'à cela ne tienne, répond M. Justin
Godard; on la forcera à amortir. En conséquence, les lois de 1867 et de 1893 sur les sociétés seront modifiées par les dispositions
suivantes :

Art. 72 — Il est fait annuellement sur les
bénéfices de toute société anonyme ou en commandite par actions... un prélèvement d'un dixième au moins, dont moitié sera affectée... à l'amortissement des actions.

Art. 73. — En remplacement de chaque action
amortie seront créées deux actions de jouissance.

L'une, dite action de jouissance du capital, sera
remise en échange de son titre ancien au porteur
de l'action amortie.

L'autre, dite action de jouissance du travail,
sera délivrée...

Au fait, à qui délivrer les *actions de tra-vail* ?

M. Justin Godart ne veut évidemment p s d'attribution individuelle. Cela sent la « jaunisse ». Il veut une attribution collective. L'attributaire serait une Caisse nationale de crédit au travail. C'est elle qui prendrait au ·, au nom des travailleurs-actionnaires, aux assemblées générales des sociétés commerciales françaises. C'est elle qui encaisserait les dividendes et prendrait part à la liquidation. Les *actions de travail* constitueraient la propriété commune de tout le prolétariat français représenté par la *Caisse nationale*. Le prolétariat serait actionnaire en masse dans toutes les entreprises industrielles et commerciales qui font appel au crédit public.

Chaque année, la *Caisse nationale de crédit au travail* serait obligée de dépenser, sans faire aucune réserve, la totalité de ce qu'elle aurait reçu soit à titre de dividendes, soit dans le partage de l'actif des sociétés par actions : ceci afin d'empêcher la constitution d'une « mainmorte prolétarienne » auprès de la quelle la ci-devant « mainmorte congréganiste » aurait été misérable.

L'emploi des fonds de la *Caisse nationale* n'est pas prévu par le dispositif du projet. Voici ce que suggère l'exposé des motifs. Ces fonds serviraient d'abord à mettre un capi-

tal à la disposition des coopératives ouvrières
de production. On les emploierait aussi à sub-
ventionner l'enseignement professionnel.

Enfin, il est à craindre que pour éluder l'o-
bligation de constituer des *actions de travail*,
des sociétés françaises n'aillent se constituer
à l'étranger. La proposition Godart pare à
l'objection en établissant, au profit de la
Caisse nationale de crédit au travail, une taxe
annuelle de. dix francs par ouvrier employé
par toute société par actions étrangère qui a
des exploitations ou des établissements en
France.

Il y aurait beaucoup à dire de la proposition que je viens d'analyser — du bien et
du mal.

Observons seulement que son auteur pose
sur le terrain de la justice une réforme, in-
téressante à coup sûr, mais qui ne paraît pas
pouvoir être défendue à ce titre. Sans nous
arrêter à l'objection qui pourrait être tirée du
défaut d'aptitude actuelle de la classe ouvrière
au développement intense de la coopération
de production — objectif final de la proposition, semble-t-il — il semble tout à fait exa-
géré et faux de prétendre qu'un salaire fixe,
quel qu'en soit le taux, soit une rémunération injuste du travail, dès l'instant qu'il n'est
pas accompagné d'une participation aux bénéfices.

Cela est si vrai que M. Godart s'accommode du salaire fixe, sans participation, non seu'e-- ment pour toutes les entreprises industrielles et commerciales qui ne font pas appel au crédit public (entreprises individuelles, sociétés en nom collectif), mais même pour les sociétés par actions en ce qui concerne les droits des travailleurs dans les produits de l'exploitation du capital non amorti. Je m'explique : Voici une société constituée par 10 mille *actions de capital* et 5 mille *actions de jouissance*. M. Godart veut que ces dernières soient partagées avec les ouvriers. Mais, s'il y a une question de justice, les travailleurs n'ont-ils par les mêmes droits de copropriété que les dix mille premiers actionnaires dans l'excédent de l'actif social actuel sur les apports primitifs ? Et pourquoi le droit de copropriété des ouvriers sur cet excédent ne se consolidet-t-il pas au fur et à mesure que cet excédent se constitue, mais seulement au fur et à mesure des amortissements ?

Pour ma part, il m'est impossible de déclarer le contrat de salaire injuste, pour la seule raison qu'il ne stipule en faveur de l'ouvrier qu'une rémunération fixe. Le salaire est un forfait. Le chiffre du forfait peut être juste ou injuste. Mais le forfait n'est pas en soi une injustice.

...Pourquoi donc, à gauche comme à droite, cette manie de vouloir imposer au nom de la justice, des opinions personnelles qui ne sont défendables que sur le terrain de la convenance et de l'opportunité ou sous le rapport particulier — et non pas négligeable, certes — des plus légitimes aspirations de la démocratie ?

NOMENCLATURE

DES MEMBRES DU PARLEMENT
dont les travaux sont cités dans cet ouvrage

Membres du Sénat

MM. Boucher   105
     Strauss   143 (n. 1)
     Touron   93

Membres de la Chambre des députés

MM. Augagneur   18
     Berry   106 (n. 1)
     Breton   105; 113; 114
     Briand   55; 56; 201
     Buisson   53 (n. 2)
     Caillaux   195
     Colliard   54 (n. 2); 83
     Cuny   40
     Defontaine   103 (n. 1)
     Desplas   54 (n. 2)
     Doisy   126 (n. 1)
     Dumas   105
     Durafour   189 (n. 1)
     Engerand   153; 189 (n. 1)
     Fleury-Ravarin   54 (n. 2)
     Ghesquière   184 (n. 1)
     Godart   83; 125; 171; 184 (n. 1); 201

Groussier 21

Guesde 66 (n. 1)

Lemire 66 (n. 1); 71; 111; 126 (n. 2); 127;
    129

Marin 153; 155

Massabuau 54 (n. 2)

de Monzie 126

Millerand 54; 56; 72 (n. 1); 73; 83; 114;
    156

de Mun 18; 40; 80; 176; 184; 185 (n. 1);
    189; 193

Peyroux 165

Reinach 55 (n. 1)

Vaillant 66 (n. 1); 114

TABLE DES MATIÈRES

Avertissement   7

I. — Vers un Code du Travail

Les nomades du travail   15
Le Code du travail   21

II. — Le contrat de travail

Les conventions collectives   31
Le salaire minimum   39

III. — Grève et arbitrage

La liberté du travail   49
Un projet à repousser   56

IV. — Syndicalisme démocratique

La représentation professionnelle   65
Une nouvelle attribution syndicale ..   72

V. — Vers la réglementation des heures de travail

La journée de dix heures   79
Le travail de nuit   89

VI. — Les victimes du travail

Les accidents forestiers   101
Les maladies professionnelles   109

VII. — L'ENFANCE OUVRIÈRE

De quelques abus de la
    main d'œuvre enfantine 120
Un commerce inhumain 129

VIII. — LA MATERNITÉ OUVRIÈRE

L'aide mutuelle 143
La protection légale 154

IX. — QUELQUES PROFESSIONS

Les boulangers 169
Les employés 177
Les ouvrières en confection 188

X. — VERS LA TRANSFORMATION DU SALARIAT

Les actions de travail 192
Nomenclature des membres du Parlement
    dont les travaux sont cités dans cet
    ouvrage 210

Librairie de " La Démocratie "

32 & 31, boulevard Raspail, Paris

(Extrait du Catalogue)

MARC SANGNIER

LA JEUNE=REPUBLIQUE. — Quatre discours sur le programme et l'esprit de la Ligue de la Jeune-République. *Deux volumes :* PRIX : chaque 2 fr.; *Fco:* 2 fr. 25. Ensemble: 3 fr. 50; *Fco:* 4 fr.

UNE POLITIQUE NOUVELLE. — A propos du parti nouveau. — Les catholiques et le parti nouveau. — La Ligue de la Jeune-République. *Un volume de 300 pages.* PRIX : 2 fr. ; *franco :* 2 fr. 25.

CE QUE NOUS VOULONS. — Discours prononcé au Manège St-Paul, le 27 octobre 1912. *Compte-rendu sténographique.* PRIX : 0 fr. 25 ; *franco :* 0 fr. 30.

L'ARMEE ET LA REPUBLIQUE. — Discours prononcé aux Sociétés Savantes, le 3 octobre 1912. *Compte-rendu sténographique.* PRIX : 0 fr. 15 ; *franco :* 0 fr. 20.

Ce qu'ils pensent de la Jeune=République. — Volume in-8° écu contenant l'opinion de nombreuses personnalités du monde politique sur le programme et l'esprit de la Ligue de la Jeune-République. *Edition de luxe.* PRIX : 2 fr. 50 ; *franco :* 2 fr .75.

Album illustré sur le journal La Démocratie. — Tirage en quatre couleurs sur papier couché, couverture en trois tons. PRIX : 2 fr.; *franco :* 2 fr 25.

Gestes et paroles du séraphique Saint=François d'Assises. — Album illustré en deux couleurs, sur papier de luxe. PRIX : 1 fr. 50 ; *franco :* 1 fr. 75.